产业转移与区域经济增长质量

黄鲜华　著

WUHAN UNIVERSITY PRESS
武汉大学出版社

图书在版编目(CIP)数据

产业转移与区域经济增长质量/黄鲜华著.—武汉：武汉大学出版社,2019.5
ISBN 978-7-307-20136-1

Ⅰ.产…　Ⅱ.黄…　Ⅲ.产业转移—关系—区域经济—经济增长—研究—中国　Ⅳ.F127

中国版本图书馆 CIP 数据核字(2018)第 075248 号

责任编辑:陈　红　沈岑砚　　责任校对:汪欣怡　　版式设计:韩闻锦

出版发行：**武汉大学出版社**　(430072　武昌　珞珈山)
(电子邮箱：cbs22@ whu.edu.cn　网址：www.wdp. com.cn)
印刷:北京虎彩文化传播有限公司
开本:720×1000　1/16　印张:11　字数:156 千字　插页:1
版次:2019 年 5 月第 1 版　2019 年 5 月第 1 次印刷
ISBN 978-7-307-20136-1　定价:39.00 元

前　言

我国经济发展进入了新时代，高速增长转向高质量发展已经成为我国经济发展的新要求。长期以来，以区域产业结构变迁为主要特征的产业转移有效地助推了我国区域经济的高速发展，然而在当前经济转型的背景下，产业转移对于地区经济增长质量的影响究竟如何，是一个值得深入探讨的问题。本书将对这一问题进行研究。通过梳理经济增长质量的相关文献，分别定义了广义视角与狭义视角的经济增长质量内涵，并利用我国 2005—2014 年的地级市数据，分别从广义视角与狭义视角实证分析了产业转移对经济增长质量的影响作用，最终提出了进一步优化产业转移促进地区经济增长质量提升的政策建议。

本书的研究发现，对产业承接地区而言，产业转移存在明显的负向作用，即产业承接地区承接产业转移后，经济增长质量普遍下降，产业转移对其经济增长质量的负向作用主要是通过影响经济结构及恶化地区生态环境来逆向作用于地区经济增长质量的；而对于产业转出地区而言，产业转移却存在明显的正向作用，即产业转出地区转移产业后，经济增长质量得到明显改善，产业转移对其经济增长质量的正向作用则主要是通过改善经济结构与增长经济稳定性来正向作用于经济增长质量的。针对以上研究结论，本书最后进一步明确了当前新常态下我国产业转移的战略定位与选择，针对产业转移地区提出促进经济增长质量的财政政策、金融政策以及创新政策等，并重点对中部地区与西部地区的产业转移提出了具体的策略路径。

本书的研究相较现存研究而言，可能存在两个方面的创新。一是分别从狭义效率视角与广义综合视角界定了经济增长质量的内涵，并运用地级市数据进行了定量计算分析。在经济增长质量理论与相关文献分析的基础上，定义狭义视角下的经济增长质量内涵为效率特征的地区全要素生产率增长率，定义广义视角下的经济增长质量内涵为包括经济增长结构、经济增长稳定性、福利变化及成果分配、生态环境代价等多维度的综合，并分别运用 DEA-Malmquist 方法和主成分分析方法对其进行了计算，测算结果表明 2005—2014 年我国区域经济增长质量整体呈现波浪式缓慢上升的发展趋势。从效率测评的结果来看，中部地区经济增长质量提升最快，而东部地区则提升相对缓慢；从综合测度的结果看，我国地区经济结构整体呈现逐渐优化、经济稳定性逐年下降、经济福利不断提高、生态环境代价波动变化的发展过程。

二是分别从狭义效率视角与广义综合视角定量测算了我国产业转移对经济增长质量的影响作用。通过构建产业转移与经济增长质量的理论模型，分别运用 OLS 模型、双向固定效应模型对地区产业转移区位熵分别与狭义和广义视角下的经济增长质量进行回归分析，进一步按产业转移的类型分别对产业转入组(即承接产业转移地区)与产业转出组(即转出产业地区)进行分组回归分析，并运用滞后一期的工具变量模型进行稳健性的回归分析。结果表明我国产业转移并未有效地促进经济增长质量的提升。

总体而言，本书的研究将有利于丰富产业转移以及经济增长质量的相关理论研究，同时也对当前新时代背景下如何更有效地推进经济结构转型与质量效益提升，如何进一步调整并优化产业转移政策并促进经济高质量发展具有积极的实践意义。

目　　录

第一章 绪　论

第一节 产业转移及经济增长的时代背景

一、产业转移的背景

产业转移是指由于资源供给或产品需求条件发生变化后，某些产业从一个地区或国家转移到另一个地区或国家的经济行为和过程。产业转移过程往往是各种生产资料，如劳动力、技术、资本和设备等在不同地区的重新配置的过程，也是地区间产业分工形成的重要因素，是转移地区与承接地区产业结构调整和产业升级的重要途径。在市场经济条件下，产业转移有利于实现资源优化配置，促进区域经济的协调发展。

改革开放以来，在我国劳动力丰富从而具有明显的劳动密集型产业比较优势的条件基础上，东部沿海地区利用本地发展外向型经济的区位优势和便利，以及中西部地区迁移来的大量劳动力，在国际市场上取得了竞争优势(蔡防，2009)。东部地区抓住发达国家和我国港澳台地区产业转移的机遇，承接和发展了大量以劳动密集型产业为主的加工工业，不仅有力地推动了当地经济发展，而且成为拉动我国经济增长的重要力量。近 30 年来，我国东部地区承接了三次大的产业转移。第一次是 20 世纪 80 年代，我国香港地区的大部分轻纺、玩具、钟表、消费电子、小家电等轻工和传统加工业的转移；第二次是 20 世纪 90 年代初，主要是我国台湾地区以及日本、韩国的电子、通信、计算机产业的低端加工和装配的大规模转移；第三次是从 2002 年开始直到现在还在进行中的欧美及日本等发达国家和地区跨国公司以制造中心、产品设计中心、研发中心、采购中心为代表的高端产业的转移。目前东部地区集中了全国80%左右的加工工业，以电子、信息、汽车及零部件制造为主导的国际产业形成了加速向东部地区转移的新态势。然而到了20世纪末，我国中西部地区与东部地区的经济差距已经相当巨大，并且有继续拉大的趋势。在这种背景下，国家相继出台了“西部大开发”“振兴东北等老工业基地”和“中部崛起”三大区域战略，旨在缩小区域差距，实现区域经济的协调发展。另外，随着东部地区经济高速发展，产业结构调整、优化、升级已经成为必然要求，再加上近年来东部地区加工工业开始出现土地、劳动力等生产要素供给趋紧，产业升级压力增大，企业商务成本不断提高，资源环境约束矛盾日益突出等问题，“腾笼换鸟”成为必然。特别是2008年以来，在席卷全球的金融危机影响下，世界经济格局与外贸市场发展环境发生了一定的变化，对我国很多出口企业造成了巨大的生存压力，而这些从事出口贸易的企业一般分布在东南沿海地区，因此东部地区加工工业向中西部地区转移的趋势日益明显。

从历史和现实来看，产业转移现象始终伴随着国际和国内经济发展的整个过程，中国作为世界上最大的发展中国家和典型的转型经济体，具有不同于发达国家和一般发展中国家的制度特征。目前，我国正处于工业化与城市化的加速发展阶段，虽然改革开放以来，我国经济社会发展取得了巨大成就，但经济粗放型增长的格局尚未根本改变，产业结构不合理、产品附加值不高、竞争力弱的格局尚未根本改变，很多产业发展成熟的地区正在努力发展技术密集、资金密集的产业，面临着转型升级和劳动力成本上升的大背景，各地区都在尝试将产业向更低成本的地区转移。

随着我国经济的不断发展，短缺型经济中的供不应求的局面已经转为相对过剩的格局，消费需求结构从较低的层次向较高层次迈进。而适应人们更高消费需求的产品，如通信器材、电脑和多媒体产品等的生产能力却不足，很多要依赖进口。我国加入世界贸易组织后，意味着我国国内，尤其是制造业必须面临强大的国际竞争的挑战。面对这种严峻的现实，优势企业应开展技术创新，降低成本，提高国际竞争力，同时也应加强东部产业向中西部地区转移，通过跨区域的资本运营，实现沿海与内地的优势互补，提高我国产业的整体水平。此外，经济增长方式转变的客观规律也迫使东部地区把劳动密集型、高能耗、高物耗等比较劣势的产业向中西部适当地区转移。中西部地区则可持续利用自己丰富的自然资源和低成本劳动力，与东部地区及跨国公司输出的资本、技术和管理经验形成优势互补，推动自身的产业结构调整。同时改革的深化和体制的进一步转换，为区际产业转移提供了有利的时机，展示了广阔的前景。

二、经济增长质量提升的背景

经济增长是人们普遍关心的问题，但同时又是一个永恒的话题，关于经济增长的理论也层出不穷。从以魁奈、亚当·斯密、李嘉图为代表的古典经济增长理论到以哈罗德-多马、索洛和新剑桥学派为代表的现代西方经济增长理论，一直到罗默、卢卡斯等经济学家将人力资本引入模型构建的新增长理论都极大地丰富了经济增长理论宝库。在相当长的一段时期内，对经济增长的研究集中在如何有效地刺激经济的增长、如何实现经济总量的增长以及应具备的基本条件上。但是随着经济的不断增长和人民生活水平的不断提高，伴随着经济增长而产生的通货膨胀、失业、收入差距的扩大、环境污染、资源破坏等问题，严重地抑制了经济增长，这就是经济增长质量问题。近年来，我国政府已经将经济增长质量问题提高到战略高度。因此，经济增长的质量问题，是经济增长理论和实践发展的需要。在经济增长理论发展的200多年历史里，一直把经济增长的数量问题当作经济增长的全部内容，但是却很少讨论经济增长质量的提高。20世纪末，随着各种经济增长质量问题的不断凸显，对经济增长质量的研究才受到经济学界的广泛关注。

中国从改革开放以来，GDP增长十分迅速，自2010年GDP

总量超过日本后，一直位居世界第二位。1979—2014 年的 35 年间，中国经济增长率超出 10%的年份就有 17 个。然而这些成果的取得主要是靠要素资源高投入、高能耗和高出口率，这种高速增长主要靠工业和投资拉动，并没有带来持续的高就业率，人民群众也没有充分享受到经济高速增长的红利。1949 年到 2012 年的 63 年里发放贷款为 55 万亿元，其中 2008 年到 2012 年这五年就达到 35 万亿元，2000 年中国能源消耗量只有美国的一半，而据国际能源机构研究指出，2009 年中国能源用量超过美国的用量，从 2000 年到 2010 年，10 年外贸出口增长率超过 20%。与此同时中国粗放的经济增长方式暴露出了一系列问题，突出的表现为：资本边际产出降低，从 2000 年到 2010 年，资本边际产出从 2.4 增长为 6，就是资本投资 2.4 单位产出 1 单位 GDP 到资本投资 6 单位产出 1 单位 GDP，2012 年出口增长率下降到 10%以下，经济增长导致资源过度消耗，环境高度污染，经济结构全面失衡，贫富分化拉大。自 2010 年以来，中国的经济增长率持续下滑，2014 年中国 GDP 增长率仅有 7.4%，创 24 年之新低。同时，中国的居民消费价格指数在 2012 年 5 月下降到了 3%，此后一直稳定在 1.7%~3.2%。从 2013 年 10 月至 2015 年 1 月，我国月度 CPI 同比增长率持续下跌，到 2015 年 1 月降到 0.8%，山西、内蒙古、浙江三省份 CPI 零增长，而陕西则出现了负增长的情况；而伴随着投资增长率和出口增长率的下降，消费占比有所提高，产业结构将向资金密集型和知识密集型产业转换，中国经济增长出现了“新常态”。我国目前经济正处在经济发展转型期，从此前的高速增长转变为所谓的“新常态”稳定增长，专家和学者将这一相对稳定的状态概括为“中高速、优结构、新动力、多挑战”四个特征。在新常态下，经济增长有所放缓，但是经济结构和效率会逐步改善，于是急需转变经济发展方式，提高消费和内需对经济增长的贡献率，从要素和投资驱动转向创新驱动，发展新兴战略产业，既要提高经济增长数量，更要关注如何提高经济增长的质量，寻找提升经济增长质量的路径。

第二节　产业转移与经济增长的研究综述

一、产业转移及其测度的相关文献

（一）产业转移的理论渊源

产业转移现象很早就进入学术界的视野，研究者众多，但由于众多原因，对其内涵并没有给出一个明确统一的界定。仅从中文文献有关该词的英文翻译即可见一斑，如“industrial transfer”“industrial migration”“industrial expand”“industry shift”等。国际上研究产业转移问题较为典型的学者有赤松要、邓宁、弗农、小岛清，查阅他们的文献，我们发现都没有给出产业转移明确的概念。相反，国内学者更加注重产业转移的定义，他们多从宏观、微观两方面给予界定。

1. 宏观层面的界定

陈建军（2002）是我国国内较早对产业转移这个概念进行定义的学者。在他的《产业区域转移与东扩西进战略》一书中提出的“产业转移”一词，其实质指的就是“区域间的产业转移”，它表示某产业由于需求现状或者资源供给的变化导致该产业从一个地区转移至另一个地区、一个国家转移至另一个国家的整个经济变化的全过程。从外在形式上来看，它常常表现为先进技术的转移、国际贸易及国际投资等形式。这是一种在学术界运用比较广泛的界定，但是由于该定义只是对产业转移的整个过程用描述性的话语展现出来，缺乏对产业转移的量化规定，未能形成后续研究的基点。陈计旺（1999）则更加偏重产业转移过程中的产业空间变动或者产业性质转变。他理解的产业转移是经济发达地区向欠发达地区输送丧失优势的产业的全过程。此定义由于忽略了现实生活中一些先进的高新技术产业出现向部分地区集中的现象而存在局部性。陈红儿、陈刚（2001）在其专著里面提出，产业转移通常指在市场经济的大背景下，发达地区的产业遵循产业竞争规律，采用跨区域直接投资的手段，将一些面临淘汰的产业转移至欠发达地区，这期间会表现出产业在不同区域间相互转移的状态。羊绍武(2006)将产业转移的概念划分为两个层次，第一层级是指生产要素在产业间的转移，即产业的纵向转移；第二层级是产业的区域间转移，它是某一产业从成熟区向潜力区的转移，即产业的横向转移。付保宗(2008)首次对产业转移概念进行了量化的界定，他认为产业转移是当某种产业运行条件发生变化时，产业间有相互联系的区域会表现出产业的相对规模变化，相对产业规模增加的区域被认定为“产业转入地”，相对产业规模减少的区域被认定为“产业转出地”。付保宗的定义能很好地在数量上把握产业转移是否发生，但是如此计算往往泛化真正的产业转移数量，将某地区由于自身发展所导致的产业规模的扩大涵盖在内，其实质上的界定归属于广义的产业转移，一定程度上反映出的是区域间分工变动的内涵。

2. 微观层面的界定

从企业角度探讨产业转移的内涵，即对产业转移从微观层面进行界定。魏后凯(2003)提出的产业转移问题实际上指的是企业在空间上扩张的过程，也是企业在迁移中不断调整地理位置、选择新的区位优势的过程。企业迁移表现为从一个区域向另一个区域的转移，它主要包含省内转移、区域内转移和区域间转移等转移模式。对比前面宏观层面产业转移的定义，微观层面的界定相对来说更直接、可操作性也更强。张公嵬、梁琦(2010)提出产业转移主要有下两种形式，其一是产业区位的转移，其二是产业在地理位置的局部或者全体大迁移。对于产业区位的变化，譬如本书论述的纺织业原本主要集中在东部沿海地区，现发现中西部地区的纺织业产业份额增加，而东部地区产业份额下降，这其中可能是东部地区产业空间转移的缘故，也可能是中西部地区承接了东部企业的产业转移。但无论怎么说，纺织业的产业区位确实发生了显著的变化。张公嵬将产业转移的两种情形进行区分，实际上就是对产业转移做出了狭义和广义两种界定与比较。若不从宏观上分析产业相对位置的变动，就难以把握中国产业布局和转移重心的变化。若不深入分析微观层面的企业迁移问题，就会忽略产业转移的一些具体细节。但是由于关于企业转移的数据难以获得，一般要采用调研或者问卷的形式来反映。所以我们往往会将产业转移分为广义转移和狭义转移来深入分析。

本书在前人研究的基础上，结合本书的研究对象，采纳陈建军的定义并且从宏观的角度来理解产业转移的含义。即某个地区或者国家的某些产业规模减小，而另一个地区相同产业的规模增加，两个地区的产业规模出现了此消彼长的关系，我们就可以认为该地区发生了产业转移现象。

(二)产业转移的度量

众所周知，贸易和投资是产业转移的两种重要形式，通过衡量跨国公司对外投资水平对我们研究国际产业转移问题具有重要的意义。虽然从狭义的角度来看，我们认为对外投资和产业转移可能存在区别，不可等价衡量。但从广义的角度来看，只要是能够促进一个国家或者地区相关产业规模的增加，就可以作为产业转移的衡量指标。纵观国内外文献，由于中国统计年鉴乃至地方统计年鉴相应的数据难以获取，外商直接投资规模是最易被研究者采纳的指标，吕政(2006)、戴宏伟(2006)、张公嵬(2010)、毛广慈(2011)、张晴(2012)等学者对产业转移测度选取了外资企业数量、FDI总额等指标。但外商直接投资规模只能反映国际产业转移的状况，而不能有效反映一个国家内部区域间的产业转移程度。目前，对于国内产业跨区域转移的相关研究主要还停留在定性描述。陈建军(2007)为了能更好地证明区域产业转移的存在，建立了区域产业竞争力系数的动态模型，可是要想对此系数作出真实的评估必须以封闭的市场等假设条件为前提，因此仍然存在一定的局限性。张公嵬(2010)选取产业的赫芬达尔指数(Herfidahl Index)、产业的绝对份额和各省产业的转移指数进行测度。冯南平(2012)则是以某区域在某一时期的内部增加值在全国的占比增长率与该时期该部口的增加值的乘积来衡量。刘红光等(2011)也对产业转移做出了定量测算，只是他选用了投入产出表这种测算方式，对一个地区某产业的投入和产出分别作了计算。唐运舒(2014)通过Moran's FI指数和散点图，从时空的角度对产业转移与产业集聚的关系进行量化考察，并且引入空间相关变量作为产业转移规模的衡量。仔细研究，我们发现刘红光、张公嵬等人的做法是首先给出产业转移的明确定义，之后再对符合此定义的转移产业进行准确的测量。但是由于他们界定的产业转移都属于广义的产业转移，就有可能出现测量范围过大而不能准确反映出现实问题的本质。

二、产业转移经济效应的相关文献

(一)对承接地区的效应研究

国外学者主要通过实证数据进行产业转移对移入地经济发展的效应分析，各自从不同角度，选取不同时间和地区的样本，我们很容易发现其研究结论也是相异的。德尔蒙特和陆赞伯格根据意大利1951—1981年的数据，对意大利企业从其他地区向意大利南部的移动对当地企业的影响进行了研究，研究表明意大利南部新的企业形成，只与新的企业进入有正相关性。James R. Markusen(2008)认为产业转入地会通过前向联系和后向联系带动对于相关产业的需求，从而对其产业结构产生积极的影响。Terotom Ozawa(2012)认为产业转移从根本上说是一种“比较优势寻求”，因此会促进贸易的增长，最终带来经济的快速增长。Helen Mckcon(2011)等也认为，正是由于积极接受跨国公司的产业转移才使得一些经济规模并不是很大的国家，例如爱尔兰、日本和马来西亚，实现了产业结构的快速升级，从而由初级产品生产国转变为现代经济国家。Haddad(2011)分析了摩洛哥公司的横截面数据，证明更高水平的国际产业转移并不一定会带来国内企业的生产率的增长。Aitken和Hamson(2013)运用委内瑞拉工厂的面板数据发现，国际产业转移对国内企业的生产率实际上有负面影响，这些回归结果与对具体国家的安全研究一致，例如印度、马来西亚和泰国，证明了一个企业的国外所有权与其进行技术转移的规模是负相关的。而且会出现国际产业转移可以使国内生产总值提高很快，但是与国民生产总值呈负相关的情况。Rodriguez-Clare(2014)用模型指出，当跨国公司与本地企业之间的联系比较微弱时，产业转移与本国经济增长之间是负相关的。

国内许多学者特别针对区际产业转移对转入地经济社会发展产

生的效应，进行了多视角、全方位的研究。陈红儿(2012)认为，产业转移对欠发达地区发展会产生要素注入效应、技术溢出效应、关联带动效应、优势升级效应、结构优化效应、竞争引致效应、观念更新效应等。陈刚、张解放(2014)利用 C-D 生产函数，对产业转移的效应进行分解，认为产业转移效应总体上有三个来源，即由产业替代带来的产业"优化效应"、转移产业所引致的就业"扩大效应"，以及转移产业关联带动所导致的产业"发展效应"。李锋(2014)从产业结构角度进行了分析，认为东部向中西部的产业转移为中西部产业结构调整和升级提供了契机，有利于提高中西部产业的科技总水平和形成产业规模经济，有利于缓解西部产业趋同现象；同时会造成产业级差和技术级差的进一步拉大并固定化，还会带来污染等问题。成学真、王超(2016)从就业的角度，分析了产业转移对西部就业产生的正负效应，认为一方面东部产业转移会对西部劳动力产生"直接吸纳效应"、对西部就业产生"联系效应"等正效应；另一方面产业转移对西部原有相同或相近产业会产生"冲击效应"甚至"挤出效应"，以及资本对劳动力的"替代效应"，这将导致东业西移过程中出现较长时期的结构性失业等负效应。陈刚、刘珊珊(2017)认为产业转移会影响承接地的制度环境，推动欠发达区域制度环境的逐步改善。刘培明(2017)通过区际产业转移的直接效应、间接效应、消极效应对承接地经济发展的影响分析，认为欠发达地区在承接产业转移过程中，必须提高人的素质和能力，以提高欠发达地区的技术吸收消化能力、创新能力、产业配套能力，从而充分发挥产业转移的积极效应，防止或消除其消极效应，提高欠发达地区的自主发展能力。

(二)对转出地区的效应研究

根据小岛清的"比较优势"理论，产业转移往往有两个原因：一是移出地为了延长夕阳产业寿命；二是调整产业结构，推进产业升级。基于该理论，Magnus Blomstrom(2001)用数据模型验证了产业转移对于日本产业结构调整和升级的作用。国内学者对区域间产业转移进行了研究。俞国琴(2008)认为，随着能源价格、原材料价格和运输费用的上涨，土地、劳动力的成本不断上升，同时产业内部各行业之间的比例关系不协调，东部地区的技术优势在逐渐丧失，必须要通过产区转移进行产业结构的升级换代。郑胜利(2009)研究发现，每一次浪潮都带来世界制造业中心的转型与迁移，而在产业转移过程中，曾经“产业空洞化”现象，即指以制造业为中心的物质生产和资本，大量地、迅速地从一国(或地区)转移到其他国家(或地区)，使物质生产在国民经济中的地位明显下降，造成国内(或地区内)物质生产与非物质生产之间的比例关系严重失衡。他运用珠三角和浙江省2005—2008年数据证实并提醒，我国东部沿海部分地区存在着产业空洞化的风险，并指出国内或区域内产业成长的效应小于产业向外转移的效应，是产业向外转移导致产业空洞化的根本原因。

产业转移对于移出地就业的影响，一部分学者认为不会产生负面影响。如Blomstrom(2002)研究发现，跨国公司的海外转移的确会减少国内相应的就业机会，但是转移后会使得公司效率提高，进一步扩大规模，从而雇用更多的劳动力。Tain-Jy Chen(2004)等通过对我国台湾地区制造业数据分析发现，产业转移后就业会在各行业之间重新分配，从生产行业转向技术和管理行业。产业结构的高度化发展还会增加更多的更高层次的就业机会。《2002年世界投资报告》同样指出以直接投资为表现形式的产业转移能够给东道国带来就业的增加。而另一部分学者却没有如此乐观。基于史密斯的收益性空间界限理论，魏后凯(2010)在以竞争力为切入点，从企业和区域两个层面考察了产业区域转移的效应问题，认为产业转移会导致转出地产业竞争力下降，就业机会减少。余慧倩(2007)从国家层面开展研究，认为移出国由于产业外移带来的失业问题在短期内是不可避免的，而且还可能会削弱移出国的技术优势。

三、经济增长质量内涵与评价的相关文献

(一)经济增长质量内涵的相关文献

对经济增长质量问题的研究建立在对其内涵的不同理解的基础之上，如何对经济增长质量内涵进行界定直接决定了这一问题的研究视角、研究范围以及研究内容。经济增长质量属于一种规范性的

价值判断，而且由于人类社会一直处于不断变化的发展之中，使得这一范畴成为一个动态概念。因此，对于经济增长质量的内涵非常难以准确界定。从现有研究文献来看，对经济增长质量概念的界定主要存在两类观点：一种观点是从狭义上来定义经济增长质量，将经济增长质量理解为经济增长的效率(如卡马耶夫，1983；王积业，2000；刘亚建，2002；康梅，2006)。另一种观点是从广义上来界定经济增长质量，认为经济增长质量是相对于经济增长数量而言的，属于一种规范性的价值判断，具有丰富的内涵(如 Robert J. B，2002；Patha Dasgupta，2002；彭德芬，2002；刘树成，2007)。

从狭义的经济增长质量来看，它是指资源要素投入比例、经济增长效果或经济增长的效率，也就是进行经济活动时所消耗和使用的要素投入与经济活动总成果之间的比较。对于一定时期的全部经济活动或一项经济活动而言，如果给定投入下的产出越多，或达到一定产出目标所使用的投入越少，就表明经济增长效率越高，经济增长质量越高。

狭义经济增长质量的提高，体现的是经济增长方式的转变问题。卡马耶夫(1983)在政治经济学的范畴下讨论了经济增长的实质，认为只从增加经济增长数量的观点来分析经济增长问题是不够的，同时还应当看到我们是以什么样的代价来取得这一增长的，要在经济增长的速度与质量的互相联系中考察经济增长问题。他将经济增长质量理解为在发达社会主义条件下，在社会总产品的扩大再生产中，所使用资源的规模及其利用效率的变化。经济增长不只包含着对统一完整的国民经济综合体有代表性的经济过程，而且还取决于全部生产资源和非生产资源的利用效率。王积业(2000)认为经济增长过程是由生产要素积累和资源利用效率改进共同作用的结果。生产要素积累是指资本和劳动力在数量上的不断增加，构成经济增长实现数量扩张的主要源泉，而资源利用效率的改进是指资本、劳动等生产要素更加有效的使用，构成经济增长质量提高的主要源泉。决定经济增长的这两种因素既相互联系又相互区别，共生于经济增长的过程之中。在一定时期中由于这两种因素的作用力度不同，使得经济增长或是以数量扩张为主，或是以质量提高为主，从而相应形成粗放型和集约型两种形态。刘亚建(2002)认为经济增长速度反映的是经济增长的总量变动，而经济增长质量可以理解为效率的同义词，是指单位经济增长率所含有的剩余产品量，在单位经济增长率中投入的资金物资越少，就意味着经济增长质量越高。在他看来，质量高的经济增长率即使只以中速增长，也能使国民财富明显增长；而质量低的经济增长率即使以很高的速度增长，其能满足的社会需要也不如高质量下的中速增长。

从广义的经济增长质量来看，不同学者从不同角度出发，对经济增长质量的内涵存在不同看法。温诺·托马斯等(2001)认为经济增长质量作为发展速度的补充，是指构成经济增长进程的关键性内容，比如机会的分配、环境的可持续性、全球性风险的管理以及治理结构，并从福利、教育机会、自然环境、资本市场抵御全球金融风险的能力以及腐败等角度对各个国家或地区的经济增长质量进行了比较。研究发现即使水平相近的经济增长率也会给人民的福利带来截然不同的结果，这说明过去的经济政策往往偏重于考虑增加实物资本的投资规模，而忽略了这仅仅是构成高质量增长的众多重要因素中的一项，其实同样重要的因素还包括对人力资本和社会资本的投资，以及对自然资源和环境资本的投资。Robert J. Barro (2002)将经济增长质量看作相对于经济增长数量而言，也给予增长质量一种很宽泛的概念，认为经济发展是与经济增长数量紧密相关的经济方面的因素，而经济增长质量则是与经济增长数量紧密相关的社会、政治及宗教等方面的因素。经济发展从根本上反映了人均 GDP 的增长，其基本测度指标为人均 GDP 的对数、教育年限以及城市化率。而经济增长质量作为与经济增长紧密相关的社会、政治及宗教等方面的因素，具体包括受教育水平、预期寿命、健康状况、法律和秩序发展程度以及收入不平等。彭德芬(2002)认为经济增长质量范畴是相对于经济增长效量而言的一个动态概念，是指一个国家伴随着经济的数量增长在经济、社会和环境等方面所表现出的优劣程度，具体包括经济增长的持续性和稳定性、经济结构状态、经济增长效率、居民生活以及生态环境等方面的内容。刘树成

(2007)从广义上来界定经济增长质量，认为提高经济增长质量是指不断提高经济增长态势的稳定性，不断提高经济增长方式的可持续性，不断提高经济增长结构的协调性，不断提高经济增长效益的和谐性。他指出经济增长的数量与质量是一个有机统一的整体，经济增长质量与经济增长数量的持续性紧密相关。从广义来界定经济增长质量的研究文献，由于只是从经济增长数量视角出发，把除增长数量以外的各种因素都纳入经济增长质量的范围之中，这就造成经济增长质量的外延无法得以确定。

(二)经济增长质量评价的相关文献

经济增长质量的测度建立在经济增长质量内涵界定的基础上，与现有研究中两种内涵观点相对应形成两种测度思路：全要素生产率与综合评价指标体系。从狭义效率视角来理解经济增长质量的学者大多数采用全要素生产率的变化来度量经济增长质量，而全要素生产率的提高又常常被主要归因于技术进步。沈坤荣(1998)采用全要素生产率从三次产业、非国有经济和乡镇企业效率等视角对中国的经济增长质量进行考察，认为全要素生产率表示的是生产要素与产出之间的比例关系，其值较高就意味着同样单位的生产要素投入会带来较多的产出，从而经济增长质量就会比较高。郭庆旺、贾俊雪(2005)在分析比较全要素生产率四种估算方法的基础上对我国1979—2004年的全要素生产率增长率进行估算，结果表明在1993年以前我国的全要素生产率增长率总体呈现出涨跌互现的波动情形且波动较为剧烈频繁，而1993年之后全要素生产率增长率呈现出逐年下降的趋势，直到2000年这一状态才得以缓解，此后全要素生产率增长率总体呈现出逐年攀升的势头。刘亚军、倪树高(2006)使用全要素生产率来对浙江省的经济增长质量进行考察，在详细讨论1978—2004年浙江省经济增长的各个要素投入与经济增长之间关系的基础上，通过索洛模型测算出这一时期全要素生产率的增长及其对浙江省经济增长的贡献。俞安军、韩士专、张顺超(2007)将经济增长质量理解为投入要素的生产率，并利用C-D生产函数对中国1981—2004年的经济增长质量指数进行测算，结果表明我国的经济增长方式属于粗放型的增长方式。目前全要素生产率的估算方法主要有：代数指数法、索洛残差法、隐性变量法以及潜在产出法，其中潜在产出法可分为两类，即随机前沿分析法与数据包络分析法(Malmquist 指数法)。现有各种方法对中国全要素生产率的估算基本表明：1978 年改革开放以来，中国的全要素生产率曾经存在着一个基本上升的状态，但 20 世纪 90 年代中期以后呈现出逐渐下降的趋势(Gary Jefferson 等，2000；胡鞍钢、郑京海，2004)。郑玉歆(2007)认为用全要素生产率来测度经济增长质量存在着一定的局限性，一方面用全要素生产率评价经济增长质量时，由于没有考虑要素的长期影响以及数据的局限性，可能会产生较大的偏差；另一方面提高经济增长质量的一个核心问题是实现资源的有效配置，而全要素生产率的增长并不能保证资源的有效配置。康梅(2006)也认为将体现在生产资料中的技术进步隐含地放在全要素生产率中度量的方法不能很好地对经济增长质量作出评价，对于以引进技术为主的发展中国家，由于所引进的技术直接体现在其生产资料中，这就导致技术进步的部分作用被当作投入要素从产出增长率中扣除，从而难以真实反映技术进步对经济增长的作用。他将经济增长的三因素划分为规模增长、硬技术进步和软技术进步，并在此基础上提出投资增长模式下经济增长质量的评价方法。

如果从广义视角来理解经济增长质量，则相应对经济增长质量的测度是通过一个综合的评价指标体系来实现。有学者从广义经济增长质量视角提出了对其进行评价的基本思路，杨长友 (2000)把测度经济增长质量的指标体系归结为经济福利、激励机制、技术创新、供求结构、增长率利润率生产效率、稳定性六大具体形象的向度，但是他的研究主要是对经济增长质的规定性进行论述，并没有对经济增长量的规定性作出精确的分析。有部分学者在广义经济增长质量定义的基础上建立了具体的经济增长质量评估体系。李周为、钟文余(1999)从经济增长集约化水平的测度指标和反映经济增长方式转变的源泉与机制的评价指标体系两个层面构建了经济增长方式与增长质量的测度评价指标体系，其中集约化指数包括劳动集约化指数、能源集约化指数、投资集约化指数、贷款集约化指数、工业集约化指数和经济增长集约化指数，而增长方式转变的源泉与机制指标体系包括经济结构优化水平、规模经济水平、科技进步水平、市场化水平和可持续发展水平。钟学义等(2001)把衡量经济增长质量的指标概括为三个方面：反映经济增长效率的指标(包括全要素生产率对经济增长的贡献率、投入产出率、劳动生产率及其增长率、资本生产率、物耗指标、能耗指标等)，反映经济增长是否稳定、健康的指标(包括经济波动情况、通货膨胀率就业状况、环境污染指标等)，以及反映经济结构及其变动的指标(包括产业结构、贸易结构、劳动力结构、地区经济结构等)。樊元、杨立勋(2002)认为经济增长质量是一个相对的概念，经济增长的内在质量包括要素质量、结果质量、效果质量和条件质量四方面内容，所以用来衡量经济增长质量的指标体系应该分为反映经济增长要素质量的指标体系、反映经济增长结果质量的指标体系、反映经济增长效果质量的指标体系以及反映经济增长条件质量的指标体系四大类。李变花(2004)在对现行经济增长统计指标进行修订的基础上构建了经济增长质量的综合评价指标体系，具体包括经济增长水平指标、经济效益综合指标体系、经济结构指标体系、技术进步指标体系、环境保护指标体系、竞争能力指标体系、人民生活指标体系、经济稳定性指标八个方面。单晓娅、陈森良(2001)认为经济增长质量属于工作质量范畴，将其定义为一定时期内一国或地区实现产品总量增长的活动中在过程、方式、途径、效果等方面所表现出的优劣程度，并从经济效益提高、经济结构优化、科学技术进步、环境资源保护、竞争能力增强、人民生活改善、经济运行稳定七个方面设计出由 7 个二级指标体系、19 个三级指标组成的经济增长质量综合评价指标体系。

除此之外，还有学者在建立经济增长质量综合评价指标体系的基础之上，对我国的经济增长质量状态进行度量，一般而言这样的评价体系往往会更具有可操作性。李岳平(2001)认为经济增长质量是指经济增长能够长期稳定协调的发展，是一种具有潜力的高效率的增长，他从经济增长的稳定性、技术进步的贡献、经济效益、经济结构、居民生活和经济增长的代价六个方面构建出经济增长质量的综合评价指标体系，并利用因子分析法对我国 1978—1999 年的经济增长质量进行测度。彭德芬(2002)将经济增长质量的综合评价指标体系分为经济运行质量、居民生活质量、生存环境质量三个层次，共计 70 个指标，并利用因子分析法对我国 1978—1999 年的经济增长质量水平进行定量分析。肖红叶、李腊生(1998)从经济增长的稳定性、协调性、持续性和增长潜能四个方面对我国的经济增长质量进行了统计测度，认为我国的经济增长质量状态从总体上来看是趋于好转的，其中增长质量的提高突出表现在稳定性与持续性方面，但这与发达国家和新兴工业国家的水平仍存在明显的差距。单薇(2003)从经济增长的稳定性、协调性、持续性和潜力四个方面建立经济增长质量的综合评价指标体系，并采用熵的评价理论对 1995—2000 年我国的经济增长质量进行了考察，研究结果发现 1999 年我国的经济增长质量水平较高，资源配置率的大小直接影响到经济增长质量的水平。徐辉、杨志辉(2005)也从经济增长的稳定性、协调性、持续性和增长潜力四个方面来建立经济增长质量的评价指标体系，但他们采用了密切值法得出我国 1995—2003 年经济增长质量的评价结果。赵英才、张纯洪、刘海英(2006)从三个层次界定了经济增长质量的理论内涵，即它体现了经济系统的投入产出效率、最终产品或服务的质量、环境和生存质量，并在此基础上分别从产出效率、产出消耗、产品质量、经济运行质量和生存环境质量五个不同方面的 17 个指标构造了经济增长质量评价指标体系，并采用相对指数法对我国转轨以来的经济增长质量进行综合评价。刘海英、张纯洪(2006)认为经济增长不仅表现为经济规模的数量扩张，还表现为增长质量的提高，是数量扩张与质量提高的统一，中国经济增长质量的内涵体现了经济系统的投入产出效率、经济增长成本、资源消耗和环境保护等多个方面。在此基础上，他们设定了反映中国经济增长质量的 14 个指标变量，构造了中国经济增长质量的评价指标体系，并采用因子分析法对转轨以来中国经济增长质量进行定量分析。马建新、申世军(2007)认为经济增长质量的内涵体现了经济系统的发展水平、经济效益、增长潜能、稳定性、环境质量成本、竞争能力、人民生活等多个方面，在此基础上建立了由 15 个指标变量构成的经济增长质量的评价指标体系，并运用因子分析法对1990—2005年中国的经济增长质量水平进行测度。李延军、金浩(2007)在分析经济增长稳定性和持续性的基础上，运用因子分析技术，从经济结构、经济增长效率和经济增长质量三个方面对河北省1978—2004年的经济增长质量状况进行了定量考察。申世军(2007)将经济增长质量理解为一个经济体在经济效益、经济潜力、经济增长方式、社会效益、环境等诸多品质方面表现出的与经济数量扩张路径的一致性、协调性，在此基础上他们从经济运行质量、经济运行结构、经济运行效益、经济增长的潜力、经济竞争能力、人民生活状况和社会保障七个方面构建了经济增长质量的综合评价指标体系，对广东省和山东省的经济增长质量水平进行了测度。

“质量”属于一种价值判断，而效率只是评判标准的一个方面。因此，对于经济增长质量内涵应当从更广义的角度进行界定，由此相应的经济增长质量的测度也应当采用综合的评价指标体系。综合评价指标体系建立在对广义经济增长质量外延与内涵清晰界定的基础上，由于现有文献只是从经济增长数量视角出发，把除增长数量以外的各种因素都纳入经济增长质量的范围之中，这就造成经济增长质量的外延无法得以确定，由此相应的度量也就无法进一步展开。如何对经济增长质量进行度量的真正困难之处也就在于我们无法区分什么是经济增长质量的内容，而什么不是。由于经济增长质量的外延无法得以确定导致经济增长质量综合评价指标体系的构建缺乏一个统一明确的标准，因此现有文献中对经济增长质量测度指标的选择具有很大的随意性，这就使得对中国经济增长质量水平的测度结果会存在着一定程度的偏差。

四、产业变迁与经济增长质量的相关文献

直接讨论产业转移对经济增长质量影响的研究并不多见，主要是讨论产业结构对经济增长数量的影响。1942年，Fabricant建立了偏离—份额分析法(Shift-Share Method)用来研究产业结构对经济增长的贡献。钱纳里(1989)提出一个发展的“多国模型”，认为产业结构转变是理解发达国家与发展中国家经济发展区别的一个核心

变量，同时也是后发国家加快经济发展的本质要求。Matsuyama(1992)通过研究结构转变过程中农业所起的作用，认为规模收益递增是工业部门生产的一个重要特征，因此可扩大工业部门的生产，以此来实现结构转变进而推动经济增长。Peneder(2002)认为投入要素从低生产效率部门向高生产效率部门流动有利于整个社会生产效率的提高，由此出现的“结构红利”促进了经济数量的稳定增长。与之相反，Baumol(1967)提出的“非均衡增长假说”认为各产业之间在劳动生产率水平方面存在着先天差别，而产业结构调整会促使劳动力从劳动生产率低的部门向高的部门不断迁移，长此以往会导致劳动生产率水平较高部门的人均资本存量降低，“结构红利”反而成为“结构负担”。Caselli(2005)指出导致各国收入差异的一个原因可归结为结构转变程度的不同。Mitchell(2007)研究得出产业结构的发展状况、劳动力在各产业间的分布情况等是影响经济增长速度的重要因素。Hsieh 和 Klenow(2010)指出产业与行业间的资源及投入要素错配是导致各国全要素生产率出现差异的一个重要原因。在实证研究中，Temin(1999)和 Temple(2001)均认为，第二次世界大战后(1950—1973 年)西欧各国迎来的一段“黄金增长期”，结构转变带来的增长效应功不可没。Dowrick(1989)通过实证研究后得出，OECD 国家经济增长的主要推动力在于农业劳动力向工业和服务业的转移。Dowrick 和 Gemmel(1991)研究发现，劳动力向第二、三产业转移能够解释 OECD 国家 GDP 增长总贡献的 25%。Young(1995)通过研究“东亚奇迹”得出，“亚洲四小龙”持续数十年的高速增长应归功于二元经济结构的成功转型。Sachs(1994)通过对中俄两国经济的对比研究发现，中国经济之所以高速增长，其核心驱动力在于落后产业结构的迅速转变。Chen 等(2011)运用分解技术，实证发现中国产业结构变迁对全要素生产率与产出增长均具有显著的影响，但随着时间推移这种贡献在逐渐下降。

经济增长质量是目前国内学术界研究的特点问题，然而产业结构变迁与经济增长质量之间的关系却鲜有关注，大部分研究仍然聚焦于产业结构变化对经济增长数量或经济波动的影响。已有的关于产业结构对经济增长质量的影响研究主要基于以下两个视角进行分析：其一是产业结构偏差对经济增长质量的影响研究。田江海(1985)指出经济结构特别是产业结构的改革是经济增长质量改善的重要内容，并呼吁产业结构应尽快实现现代化，在落后的产业结构上发展经济、在陈旧的技术水平上扩大生产均无益于经济增长质量的改善。郭克莎(1995)指出我国第三产业发展不足、比重过低直接影响了经济增长质量的提高。张长生(2001)认为结构性矛盾是影响中国经济增长质量改善的主要障碍。优化产业结构是新时期下提升我国经济增长质量的关键举措。申飞(2008)利用线性回归方法研究了产业结构调整对陕西省经济增长质量的影响。研究结果表明，第二产业与第一产业及其所占比重的增加对陕西省经济增长质量产生明显的负效应。李俊霖和叶宗裕(2009)指出产出结构与需求结构的偏差造成了我国经济增长效率的低下。沈利生(2009)通过对增加值率的分析，认为2002年以来使我国经济增长质量变差的因素在于产业结构的变化趋势，工业占比仍然太重，服务业占比仍然太轻。邵晓和任保平(2009)指出我国二元经济结构特征明显，正是这种结构性偏差在很大程度上使得经济增长质量难以改善。任保平和王蓉(2011)认为我国东部地区不合理的产业结构对经济增长质量起负向影响。刘燕妮等(2014)使用结构方程模型分析了经济结构包括产业结构、需求结构、金融结构等对经济增长质量的影响，得出产业结构失衡对中国经济增长质量具有负效应，且影响最为显著。

其二是产业结构转型对经济增长质量的影响研究。郭熙保(2002)的研究表明，农村剩余劳动力向工业与服务业转移的过程中使劳动生产率提高了25%，GDP增长率也相应提高了两成。刘海英(2005)认为产业结构与经济增长质量之间具有Granger因果关系。钞小静和任保平(2008)得出经济转型主要是产业结构转型，不仅使我国经济增长数量迅速增长，同时也促成了经济增长质量水平的提高。刘伟和张辉(2008)以及干春晖和郑若谷(2009)通过实证研究得出结论，产业结构变迁曾经一度对我国经济增长的贡献十分显著，但同时也指出这种“结构红利”随着改革的不断深化在逐渐消失。龚迎春(2009)指出优化产业结构即是实现产业结构的合理化与高级化，通过产业结构优化促使资源有效合理配置，进而实现经济的可持续发展，是提高经济增长质量的主线。张为杰和张景(2012)测度了京津冀地区产业结构变动对经济增长质量的绝对贡献与相对贡献，结果表明缩小二元经济结构、降低重工业比重以及加快服务业的发展是提高该地区经济增长质量的可行路径。刘秋生和刘雪娇(2013)运用主成分分析法构建了产业结构变化与经济增长质量的关系模型，通过研究江苏省2000—2011年产业结构变动对经济增长质量的影响，得出农业的产业结构变动对经济增长影响最大，其次是现代服务业。张振(2015)指出当前我国已经进入唯有促进产业结构升级才能促进经济增长质量提高的关键时期，在经济新常态下，优化升级产业结构是改善经济增长质量的根本途径。

第三节　本书的主要研究内容

一、研究目标

产业转移有效地助推了我国区域经济的高速发展，然而在当前经济转型的背景下，产业转移对于地区经济增长质量的影响究竟如何呢？本书将对这一问题进行探讨。通过梳理产业转移与经济增长质量的相关文献，从理论上厘清并界定相关概念，利用实证数据对我国近10年来的经济增长质量与产业转移进行度量分析，并运用经济计量模型分析产业转移对经济增长质量的影响作用，最终提出进一步优化产业转移促进地区经济增长质量提升的政策建议。本书的研究具有积极的理论意义与实践意义。

理论上，现存关于产业转移理论的研究，重点关注了产业转移对于落后地区经济增长在数量上的改进，而忽略了质量方面的影响。本书是将产业转移理论与经济增长质量理论相结合，重新审视了产业转移对于经济内生发展的影响与作用，通过对经济增长质量不同维度(狭义视角与广义视角)的测算，分析区域产业转移分别对产业承接地区和产业转出地区的经济增长质量的影响效果。本书的研究对于丰富产业转移以及经济增长质量的相关理论具有积极的理论意义。

实践中，产业转移对于提升地区经济发展速度的效果已经得到广泛认同，但是对于地区经济增长质量的影响作用却不明朗。本书通过对近10年来我国主要地级市的产业转移趋势与经济增长质量进行度量，并运用计量模型分析产业转移对各地经济增长质量的影响作用。通过进一步发掘产业转移对经济发展“质量”维度的影响，为在当前经济新常态下经济结构转型与质量效益提升的新形势下进一步调整产业转移政策，提供积极的策略措施。

二、研究思路

本书的研究目标是分析地区产业转移对经济增长质量的影响，其中对于经济增长质量分别从狭义的效率视角与广义的综合视角来分别进行实证分析。本书的研究思路如下：首先从产业转移理论与经济增长相关理论厘清并界定本书的研究对象——产业转移与经济增长质量，并明确各自的内涵及其计算方法；然后运用2005—2014年的10年间我国主要地级市的数据，分别计算并分析地区间的产业转移现状及经济增长质量的状况；其次进一步运用计量模型分别从狭义的效率视角与广义的综合视角来实证分析产业转移对经济增长质量的影响作用；最后对实证分析结果针对性地提出通过优化产业转移来提升区域经济增长质量的政策路径。

本书研究的技术路线如图1-1所示。

三、研究内容

根据以上研究思路及技术路线，本书的研究内容主要包括以下五个部分：

（1）产业转移及经济增长质量的内涵。对国内外产业转移相关理论进行分析，厘清产业转移的内涵，并明确运用地区产业转移区位熵来进行计算；同时，对经济增长理论进行系统梳理与分析，从狭义的效率视角将经济增长质量的核心内涵定义为全要素生产率，并明确运用DEA-Malmquist方法进行计算；从广义的综合视角定义

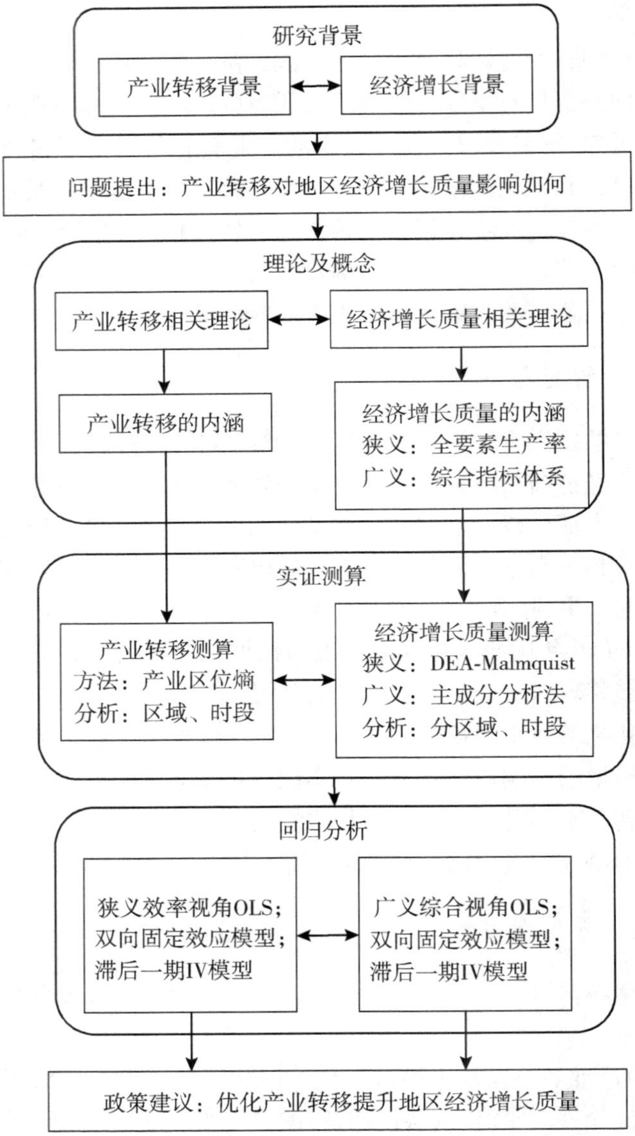
研究背景
产业转移背景
经济增长背景
问题提出：产业转移对地区经济增长质量影响如何
理论及概念
产业转移相关理论
经济增长质量相关理论
产业转移的内涵
经济增长质量的内涵
狭义：全要素生产率
广义：综合指标体系
实证测算
产业转移测算
方法：产业区位熵
分析：区域、时段
经济增长质量测算
狭义：DEA-Malmquist
广义：主成分分析法
分析：分区域、时段
回归分析
狭义效率视角OLS；
双向固定效应模型；
滞后一期IV模型
广义综合视角OLS；
双向固定效应模型；
滞后一期IV模型
政策建议：优化产业转移提升地区经济增长质量

图 1-1　研究技术路线

多维度的经济增长质量内涵，并明确运用主成分分析法的方法进行计算。

(2)产业转移与经济增长质量的实证计算与分析。基于2005—2014年这10年间的地级市数据，分别计算各地级市的产业转移熵值，以及经济增长质量(包括全要素生产率及主成分分析的综合性经济增长质量值)，并按不同时段、不同地区进行实证分析。

(3)狭义效率视角下产业转移对经济增长质量的影响分析。基于2005—2014年的面板数据，运用计量回归模型，分析各地级市产业区位熵对全要素生产率的影响作用，明确地区产业转移对经济增长质量的影响。

(4)广义综合视角下产业转移对经济增长质量的影响分析。基于2005—2014年的面板数据，运用计量回归模型，分析产业区位熵对综合性的经济增长质量进行回归估计，分析其影响作用。

(5)针对第(3)、(4)步的主要分析结论，提出相应的政策建议及对策路径。

四、章节安排

根据以上研究思路与内容，本书的章节安排如下：

第一章为绪论。介绍研究背景及意义，提出研究问题，综述相关研究现状，明确研究价值，说明研究内容与思路以及研究方法与可能创新点等。

第二章为相关概念及基础理论。分析归纳了产业转移的内涵、分类及特点，介绍了产业转移相关理论，包括中心外围理论、产品生命周期理论、雁行理论、边际产业扩张理论、国际生产折衷理论等；分别从狭义与广义的视角界定了经济增长质量的内涵，分别分析了古典经济增长理论、新古典经济增长理论、新经济增长理论、发展经济学、新制度经济学中有关经济增长质量的相关基础理论。

第三章经济增长质量测度。在详细介绍产业转移度量方法的基础上，计算2005—2014年这10年间我国主要地级市的产业转移熵值，在分析整体区域与总体趋势的基础上，重点分析了京津冀、长三角、珠三角等区域，以及2005—2007年、2008—2010年以及

2011—2014 年不同时段的产业转移的现实状况。

第四章为我国地区产业转移测度。分别从狭义的效率视角与广义的综合视角分析对我国 2005—2014 年主要地级市的经济增长质量进行测度分析。其中，狭义的经济增长质量为地区的全要素生产率增长率，运用 DEA-Malmquist 方法计算，并分析了我国东、中、西部地区的全要素生产率变化情况；广义综合视角下的经济增长质量包括经济增长结构、经济增长稳定性、福利变化及成果分配、生态环境代价 4 个维度，构建了评价指标体系，并运用主成分分析方法进行计算，分别分东、中、西地区及分维度分析了我国经济增长质量的变化情况。

第五章为效率视角下产业转移与区域经济增长质量。构建了产业转移与经济增长质量的理论模型，分别运用 OLS 模型、双向固定效应模型对地区产业转移区位熵与全要素生产率进行回归分析，进一步按产业转移的类型分别对产业转入组（即承接产业转移地区）与产业转出组（即转出产业地区）进行分组回归分析，并运用滞后一期的工具变量模型进行稳健性的回归分析。

第六章为综合视角下的产业转移与区域经济增长质量。基于经济增长质量与产业转移的计量模型，分别运用 OLS 模型、双向固定效应模型对地区产业转移区位熵与综合性的经济增长质量值进行回归分析，同时按产业转移的类型分别对产业转入组（即承接产业转移地区）与产业转出组（即转出产业地区）进行分组回归，进一步地分别分析地区产业转移区位熵对不同维度经济增长质量的作用影响，明确产业转移作用于经济增长质量的机制，并运用滞后一期的工具变量模型对结果进行稳健性的回归分析。

第七章为产业转移促进区域经济增长质量提升的战略选择与政策路径。针对实证研究的结果，进一步明确了当前新常态下我国产业转移的战略定位与选择，针对产业转移地区提出促进经济增长质量的财政政策、金融政策以及创新政策等，并重点对中部地区与西部地区的产业转移提出了具体的策略路径。

第八章为总结与展望。总结全书研究，提出研究不足及未来进一步研究的方向。

五、研究方法

本书主要运用了定性与定量相结合的方法，以定量分析为主。其中定性分析的方法主要包括文献分析法，定量的方法则主要为经济评价及经济计量等方法。

(1)文献分析法。通过对产业转移与经济增长质量相关研究文献进行系统梳理与分析，厘清产业转移与经济增长质量的内涵以及具体评价方法，为本书的研究奠定概念基础并列明整体分析框架。

(2) DEA-Malmquist 方法。运用 DEA-Malmquist 方法计算2005—2014 年我国主要地级市的经济增长全要素生产率增长率，作为效率视角下经济增长质量的变量指标。

(3)主成分分析法。运用主成分分析方法将经济增长结构、经济增长稳定性、福利变化及成果分配、生态环境代价 4 个维度的 8 个经济增长质量的评价指标进行合成计算，得出综合视角下的经济增长质量变量指标。

(4)计量回归方法。分别运用了 OLS 模型、固定效应模型以及滞后一期的工具变量模型对地区产业转移与经济增长质量进行回归分析。

第二章　相关概念及基础理论

第一节　产业转移的概念

现有研究对产业转移概念还没有形成一致的表述，只是在一般的意义上认同产业转移是产业的空间移动或空间迁移现象。尽管如此，研究者在产业转移含义的认识上仍有分歧，大致可归纳为广义和狭义的两种观点。

一、产业转移的内涵

(1)广义观点。该观点将产业的单纯的产品市场扩张或迁移也视为产业转移。典型的如产业转移是由于资源供给或产品需求条件发生变化后某些产业从某一地区或国家转移到另一地区或国家的一种经济过程。产业转移常常以相关国家或地区间的投资、贸易以及技术转移活动等形式表现出来，因此，很难将产业转移和国际间或地区间的投资和贸易及技术转移活动截然区分开来(陈建军，2002)。

(2)狭义观点。该观点下的产业转移着重指产业生产设施的空间扩张或迁移。狭义观点中，又可以分成三类。第一类观点比较宽泛，其产业转移概念既涵盖了成长产业的空间转移，又涵盖了衰退产业的空间转移，并不对两者作明确区分。绝大多数学者持此观点。例如，魏后凯(2003)认为，产业转移的实质是企业空间扩张过程，也是企业的再区位和区位调整的过程。第二类观点，产业转移仅指产业衰退中的空间转移。典型的如王先庆、陈计旺、郑燕伟的观点：产业转移是衰退产业实现退出的一种重要方式(王先庆，

1997)；产业转移是经济发展过程中区域间比较优势转化的必然结果，是发达地区向落后地区不断转移已经丧失优势的产业(陈计旺，1999)；产业转移是发达区域的部分企业顺应区域比较优势的变化，通过跨区域的直接投资，把部分产业的生产转移到发展中区域进行，从而在产业的空间分布上表现出该产业由发达区域向发展中区域转移的现象(郑燕伟，2000)。第三类观点，产业转移概念涵盖内容与第一类观点相同，但对成长产业和衰退产业的空间转移作了明确区分。例如，根据产业转移主体的性质和动机的差别，产业转移可分为扩张性转移和撤退性转移，前者是区域成长性产业出于占领外部市场、扩大产业规模的动机而主动实施的；后者是区域衰退产业迫于结构调整的压力，出于优势再生的目的而被迫实施的。

二、产业转移的分类

(1)根据产业转移的性质可以分为扩张性产业转移和衰退性产业转移。一般认为，扩张性产业转移是指该产业本身具有较强的比较优势和竞争力，出于扩大再生产或占领更大市场的目的，主动进行的空间上的转移。如浙江省的“东扩西进”、英特尔公司在四川省成都市投资芯片封装测试厂等。衰退性产业转移是某产业由于外部竞争与内部压力而进行的战略性迁移，往往是优势丧失而作的一种战略性妥协，是一种被迫转移。发达国家将边际产业转移到相对比较落后的国家或地区，来体现相对优势，提高或至少保证本产业的竞争力。另外，两种产业转移所导致的后果也有明显的区别，扩张性产业转移是一种良性的转移，转移后对移出国(地区)和移入国(地区)都是有益的，表现为产量的增加和区域竞争力的增强；而衰退性产业转移是一种此消彼长的形式，会导致移出国(地区)产量的降低和区域竞争力的下降。再者，产业转移对两地区生态环境、就业和 GDP 也会产生不同的影响。

(2)根据产业转移的主导力量的不同分为政府主导型产业转移和企业主导型产业转移。政府主导型产业转移是指在政府的影响下的一种产业转移的模式，政府利用它独特的地位，采取强制性的手段，如法律、法规或经济手段达到预期目的。例如，我国沿海地区经济特区的建设，政府政策的导向使全世界的目光投向了我国沿海地区，全国的人力、物力、财力和技术形成了“孔雀东南飞”之势，造就了一个个经济奇迹。这种政府主导型的产业转移在实践过程中要注意两方面的问题：第一就是要把握“度”，否则就可能会导致地区之间政策的过度竞争。第二就是要把政府的政策导向与本地区的优势相结合，形成自身的特色和优势，这样才会使转移来的产业扎根本地，经济才会可持续发展。企业主导型产业转移是指为了降低成本，主要涉及土地、劳动力资本的成本或者是为了发展的需要开拓新市场，或者是追求规模经济，企业从自身角度考虑，主动地改变环境，适应市场的区位选择。

(3)根据产业转移发生的地域范围不同，可以分为区域间产业转移和国际产业转移。区域间产业转移是指产业在一个国家国内不同经济发展水平的地区之间的移动。国内地区间的产业转移较早的案例要追溯到美国西部大开发，美国政府实施了两次大规模的产业西移运动，把人迹罕至的西部地区发展成了美国的经济中心。国际产业转移是指发生在国家与国家之间的产业转移。国际产业转移的典型是20世纪50年代到20世纪60年代的美国，在确定全球经济和技术领先地位后，在国内集中发展新兴技术密集型产业，将钢铁、纺织等传统密集型产业通过直接投资向正处于经济恢复期的日本、联邦德国等地方转移。国际产业转移既是发达国家调整产业结构、实现全球战略的重要手段，也是经济相对落后国家改造和调整产业结构、实现产业升级和技术进步的重要途径。

(4)根据产业转移的原因，分类为市场导向型产业转移、成本导向型产业转移和规避管制型产业转移。企业扩大产品在市场上的销售额，或者是为了克服某地区的贸易壁垒等而进行的产业转移就是市场导向型产业转移。20世纪80年代初美国限制日本的汽车进入本国，对日本的丰田、日产等几大汽车企业设置了配额，日本为了绕开配额限制，大举进军美国本土，在当地投资生产汽车。成本导向型产业转移是指企业利用各国或地区生产要素之间的成本差异来降低产出成本、增强产品竞争力而进行的产业转移。包括劳动力价格、交易成本、运输条件、政策差异和税收等，其中劳动力价格差异是成本因素中的最重要因素，这一点可以很好地解释为什么发达国家向发展中国家的产业转移总是最先从劳动密集型产业开始。规避管制型产业转移是指由于本国或本地区对于环境污染、生态保护或资源开发的限制使企业进入的门槛提高、运行的成本加大或生产能力受到限制而进行的产业转移。特别是对于环境污染和生态保护，发达国家和地区实行的标准越来越严格，污染型企业的发展空间受到限制，迫使这些企业向外转移，而相对落后的发展中国家环保门槛低，污染型企业容易转移过来。

三、产业转移的特点

(1)综合性。产业转移的综合性表现在两个方面：第一，内容的综合性。产业转移过程，是资本、技术、劳动力等多项生产要素的综合性流动，具有单个生产要素流动所不具有的特征和功能。第二，影响和作用的综合性。产业转移不仅对承接地和移出地的产业发展、政府的执政效率、基础设施的建设、就业形势和市场环境等产生较大影响，而且这种影响既有积极影响，也有消极影响，比较复杂。随着区域经济一体化的深入发展，区域产业转移的内容和影响愈加复杂，综合性特点日益明显。

(2)阶段性。产业转移是分层次、渐进式实施的，产业转移的阶段性与经济发展的一般规律即经济总是不断向前发展是一致的。随着转出地区产业结构沿着自然资源密集、简单劳动密集、资本密集、技术密集和知识密集的方向升级，产业转移也是从以劳动密集产业为主，逐渐向着以资本密集、技术和知识密集为主要内容的方向演化。20 世纪 60 年代，伴随着发达国家产业结构的调整，纺织、食品等劳动密集型产业开始向外转移；20 世纪 70 年代，发达国家的产业结构开始向技术密集型产业转化，钢铁、造船、化工等资本密集型产业开始向外转移；到了 20 世纪 80 年代，发达国家进一步加强了对高新技术产业的研究和开发，汽车、家电等产业的一些生产部门也开始向外转移。

(3)梯度性。产业转移往往是由经济梯度较高的发达国家或地区向经济梯度较低的欠发达国家或地区转移。虽然也存在产业从发展中国家或地区转移到发达国家或地区，但这种现象是很少的，即使有，通常只是孤立的生产要素如资本、劳动力等从发展中国家或地区流向发达国家或地区。地区间经济发展水平的差异所导致的经济梯度是产业转移的现实基础。

第二节　产业转移理论

对产业转移的研究主要集中在国际产业转移，是结合跨国公司理论和外国直接投资理论并且从微观和宏观两个角度进行的研究。微观角度的研究，主要有产品生命周期理论、国际生产折衷理论等；宏观角度的研究，如雁行模式、边际产业理论等，这些理论虽然角度不同，但其实质就是解释了三个问题：当时为什么会发生产业转移？如何进行产业转移？将产业转移到哪里去？时过境迁，他们的结论可能不具有普遍性，但在当时却产生很大的影响，而且他们的分析过程、分析方法和结论仍然对我们认识产业转移和更深入地掌握产业转移的机理有较大的价值。

一、中心外围理论

(一)理论的主要内容

阿根廷经济学家劳尔普雷维什在《外围资本主义：危机与改造》一书中提出了中心-外围理论，从依附理论的角度分析了中心(发达资本主义国家)和外围(发展中国家)之间的经济关系。“中心-外围”理论模式将资本主义世界划分为两个部分：一个是经济发达和技术先进的资本主义国家；另一个是经济相对落后的国家。作为“中心”的发达国家和作为“外围”的落后国家之间形成了不平等的国际分工——发达国家以生产和出口工业制成品为主，而落后国家以生产和出口初级产品为主。一方面，初级产品的生产条件不高，竞争较为激烈，加上发达国家的压价，使初级产品的价格不断下跌，而发达国家由于国内劳动力价格的上升，生产的工业制成品价格相对上升；另一方面，初级产品的需求弹性比较小，工业制成品的需求弹性比较大。在这两个方面的作用下，作为“外围”的落后国家，其贸易条件不断恶化，为了改变现状，被迫实施进口替代战略，向跨国公司打开了大门，发达国家开始对落后国家进行产业转移，同时从落后国家攫取巨额利润，阻碍了落后国家的资本积累，进一步加深了“中心”与“外围”的不平等。

（二）理论的意义与局限性

普雷维什对“中心”与“外围”之间经济关系的分析部分地反映了发达资本主义国家和发展中国家之间产业转移的现实，也较早认识到了这种不平等条件下发生的产业转移所带来的消极影响，但是普雷维什对产业转移对相对落后国家经济发展的积极影响缺乏足够认识。

二、产品生命周期理论

（一）理论的主要内容

哈佛大学教授弗农1966年在其《产品周期中的国际投资与国际贸易》一文中首次提出了产品生命周期论，它最初用于解释20世纪50年代美国的贸易构成和持续存在的贸易盈余，并预测美国企业在20世纪60年代向欧洲投资的可能模式，被视作解释国际贸易和国际投资问题最具动态性的理论。产品生命周期理论系统描述和理论总结了国际（区域）间产业与产品的周期性发展进程以及由此导致的产业和产品转移。弗农将产品生命周期划分为新产品阶段、成熟阶段、标准化阶段三个不同阶段。①新产品阶段。新产品的企业独有该技术，主要在国内生产和销售，部分产品出口到人均收入较高的国家和地区，公司获取超额利润且产量不断增加。②成熟阶段。随着国内市场不断扩大，产品的设计趋于标准化。由于产品的利润高，国外和国内的生产者开始生产该产品。产品的利润虽受到影响，但原生产者由于规模经济而获得较多利润。③标准化阶段。生产技术的标准化，使产品的生产门槛不断降低，产品竞争最重要的因素是生产成本，低廉的劳动力成本使发展中国家成为理想的生产国。产品原生产者逐渐将生产基地转移到国外劳动力比较便宜的国家，获取最后的收益。

(二)理论的局限性与发展

产品生命周期理论主要是针对第二次世界大战之后美国的对外直接投资模式而创立的，是对美国跨国公司对外投资活动的总结。该理论能够很好地解释发达国家对发展中国家的投资，但无法解释存在于没有技术优势的发展中国家的对外投资以及经济发达国家之间的投资行为。

三、雁行理论

(一)理论的主要内容

雁行理论，也叫雁行模式，是日本经济学家赤松要 1932 年最早在《我国经济发展的综合原理》一文中提出的，主要用来说明日本的工业成长模式。赤松要对日本的棉纺工业历史研究后发现，棉线和棉纺织品在国内分别经历了进口—进口替代—出口—重新进口四个阶段，在坐标轴上描绘出国内产量、国内消费量和时间之间的关系，呈现出倒“V”形，酷似飞行中的雁阵，因此而得名。此后，由另外一位日本学者山泽逸平将这个理论进行了扩展和修改，提出了引进、进口替代、出口成长、成熟、逆进口五个阶段。其中的逆进口阶段(重新进口阶段)实际上是指日本作为领头雁，积极发展技术密集和知识密集产业，并依次把本国处于成熟阶段的纺织、钢铁、化工等产业通过贸易、直接投资和技术转让转移到欠发达的国家或地区，再从这些国家或地区进口该产品。该理论解释了当时日本的对外投资并为后进国家如何实现经济起飞指明了方向。

(二)理论的意义与局限性

在 20 世纪 70—80 年代，日本在“雁行形态理论”的指导下对“亚洲四小龙”和东盟国家的产业转移和技术输出，创造了东亚经济奇迹，其积极作用是显而易见的。该理论存在着缺陷：第一，该理论所倡导的“东亚雁行分工体系”，属于典型的垂直型分工，处于雁尾的发展中国家将只能跟在发达国家后面调整产业结构，在国际分工中始终处于不利的地位，更谈不上赶超发达国家。第二，日本为了保持在雁行模式中的领头雁的地位，20 世纪 90 年代以后在技术转让方面非常谨慎，转让的都是即将淘汰的技术，一方面造成东南亚各国的产业结构单一和趋同；另一方面日本国内新兴产业和传统产业之间的竞争加剧，本国产业结构调整滞后，经济发展受阻。

四、边际产业扩张理论

（一）理论的主要内容

根据日本20世纪60—70年代对外直接投资的情况，日本经济学家小岛清提出了边际产业扩张理论。该理论的主要内容包括：第一，对外直接投资应该从本国已经处于或即将处于比较劣势的产业即边际产业开始，依次进行。第二，该理论积极主张边际产业在转移的过程中，应该选择技术差距比较小的国家进行转移。第三，在对外直接投资的过程中，中小企业更需要和更容易对外直接投资，因为中小企在竞争中处于劣势，容易成为“边际性企业”。第四，在投资与贸易的关系上，日本式的对外直接投资是顺贸易型投资即属于贸易创造，与美国式的逆贸易投资型即贸易替代截然不同。

（二）理论的意义与局限性

小岛清的边际产业扩张论实际上是对日本当时的国际对外投资情况的一个总结和归纳，又被用于指导日本的对外投资，至今日本对发展中国家的投资很少出口高技术，足以看出它对日本的对外投资产生的深远影响。随着经济理论和国际经济的发展，边际产业扩张理论的局限性使之止步不前。第一，该理论仅能解释20世纪70年代日本的对外投资行为，但无法解释发达国家之间的投资行为以及发展中国家对发达国家之间的投资行为。第二，按照该理论的推导，发达国家永远遥不可及，保持领先地位，而发展中国家只能“拾人牙慧”，永远处于消极、被动的地位，这有悖于发展中国家力图后来居上的初衷。

五、国际生产折衷理论

（一）理论的主要内容

1977年邓宁在《贸易，经济活动的区位和跨国企业：折衷理论方法探索》中提出了国际生产折衷理论，1981年他在《国际生产和跨国企业》一书中对折衷理论又进行了进一步阐述。邓宁的国际生产折衷理论是将所有权优势理论、区位优势理论和内部化优势理论相综合而构建起来的理论体系。所有权优势包括技术优势、品牌优势、规模优势等。区位优势包括劳动力成本优势、市场规模优势和政策优势等。内部化优势则是为避免不完全市场给企业带来的影响将所有权优势内部化而保持企业所拥有的优势。国际折衷理论根据企业拥有这三种优势的情况来决定企业是否应该对外直接投资。

(二)理论的意义

国际生产折衷理论是集大成者，是对对外直接投资解释力最强、涵盖面最宽的理论，素有“通论”之称，但也正是因为这样，对国际投资行为的分析没有针对性。

第三节 经济增长质量的概念

现有研究主要从两个方面对经济增长质量内涵进行界定，一种是狭义的经济增长质量，以效率作为经济增长质量的替代，另一种是广义的经济增长质量，认为经济增长质量是一个多维度的概念，不能仅仅用效率替代。

一、狭义视角下的经济增长质量

狭义经济增长质量是指经济活动中的投入产出比，该理论认为，全要素生产率可以作为评价经济增长质量的唯一指标。经济增长质量的提高意味着投入产出比的提高，也就是说在给定投入下的产出越多，或达到目标产出后所使用的投入越少。卡马耶夫(1983)认为不能过分追求经济增长速度和数量，更要关心与经济增长相伴的增长代价问题，他对经济增长质量作了如下的定义：当一个社会处于十分发达的时期，在使用资源进行产品的扩大再生产中，所使用资源的规模的改变，以及资源的利用效率的改变。刘亚建(2002)将经济增长质量看作经济增长效率，可以使用经济增长效率来替代经济增长质量，效率是指在经济增长率提高一单位时社会总的剩余产品的数量比上引起经济增长的资源投入的数量，在剩余产品数量一定时，引起单位经济增长率变化所使用的资源投入如果越少，则意味着经济增长质量越高。

二、广义视角下的经济增长质量

广义的经济增长质量除了关注经济增长的效率以外，还从多个层面定义经济增长质量。温诺·托马斯(2001)认为，经济增长质量意味着在发展过程中全社会福利水平的提高，具体表现为人均收入提高，居民可以获得更多教育与工作的机会，消除性别歧视，居民的健康和营养状况不断改善，环境更加清洁，自然环境的可持续度更好，司法体系更加公正，公民的政治资源更加宽泛，文化生活更加丰富。他将全社会福利的提高归结于对物质资本、人力资本、自然资本的合理投资。郑玉歆(2007)认为，仅仅以全要素生产率对经济增长质量进行描述，不能够完全地反映经济增长质量的各个方面，仅使用全要素生产率研究经济增长质量会低估资本积累的重要性，不仅仅要关注经济在数量上的增长，更应该关注全社会福利水平与后代人的利益等经济增长的质量方面的提高。钞小静(2009)从过程和结果两个方面对经济增长质量进行定义，从经济增长过程的角度来看，经济增长质量是经济增长结构的优化以及经济运行的稳定性；从经济增长结果的角度来看，经济增长质量是经济增长带来的福利水平的变化分配状况，以及资源利用和生态环境的代价。任保平(2012)认为，经济的数量增长到一定的程度是经济增长质量的前提条件，他从五个方面定义经济增长质量，分别是：经济增长的稳定性提高、经济增长的效率提升、经济增长的结构优化、经济增长的福利分配改善以及经济增长的创新能力提高。

三、经济增长质量与数量

在经济增长理论中，经济增长质量分析与经济增长数量分析是两种截然不同的分析范式，它们的区别在于：

第一，经济增长数量分析属于一种陈述客观事实的事实判断，而经济增长质量分析则属于一种讨论行为标准的价值判断。事实判断一直在经济学研究当中处于首要地位，现有经济增长理论中的相关研究都是以事实判断来对经济增长数量进行分析的。经济增长数量是指一个国家或者地区产品与服务数量上的不断增加，一般用国民收入、国内生产总值或国民生产总值来度量，这些指标可以对经济增长数量进行客观描述与解释。但正如科尔奈（1988）所指出的那样，“翻阅一下关于经济增长理论的浩瀚文献，我们发现，到处都在用宽泛的数量指标来描述增长过程，而发展过程的质量方面几乎完全被忽略了”。在经济增长理论研究中，事实判断和价值判断各有其不同的作用，不仅要着重于事实判断，而且也不能完全抛开价值判断。经济增长数量分析的局限性就在于它无法对经济增长过程中的各种变化以及经济增长结果上的各种成本代价进行取舍与判断，而这些内容都涉及价值判断问题，属于经济增长质量的范畴。经济增长质量分析考察的是经济增长内在的性质与规律，研究经济增长的结构是否合理、波动趋势是否稳定、福利分配是否公平以及资源环境代价是否过高等带有规范性价值判断的命题。所以说，经济增长数量分析属于一种事实判断，而经济增长质量分析则属于一种价值判断。

第二，经济增长数量分析多采用实证分析的方法，而经济增长质量分析则以规范分析为基础但同时需要实证研究来说明其正确与否。规范分析与实证分析对应于不同的判断标准，规范分析以一定的价值标准为基础，主要解决的是经济学研究中的行为选择问题，而实证分析以事实标准为基础，排斥价值判断，所解决的主要是经济学研究中的真理属性问题。由于经济增长数量分析属于一种陈述客观事实的事实判断，而经济增长质量分析属于一种讨论行为标准的价值判断，所以经济增长数量分析与质量分析各自对应的研究方法也就存在差异。一般来说，经济增长数量分析以实证分析为基础，而经济增长质量分析则以规范分析为基础。实证分析方法的一般过程是：提出理论假说并界定假设条件，进行理论推理并得出主要结论，对主要结论进行验证，从这一方法的一般过程可以看出，实证分析包括两个阶段，理论实证和经验实证。理论实证是实证分析的第一阶段，主要表现为一种逻辑实证，它是建立在理论逻辑演绎基础上的理论分析，从经济现实中抽象概括出理论假说和基本的假设条件，以此出发进行理论的逻辑演绎，得出结论。这种结论只是在理论上成立，而未经事实检验。经验实证是实证分析的第二阶段，主要表现为一种事实验证，它是对理论实证的基本结论进行经验事实的检验，经验实证的结果决定我们是接受这种理论假说还是放弃这种理论假说，或是作进一步的实证。两者都是对于事实标准的实证和检验。基于价值标准的规范分析并没有对应的具体的判断方法，所以大多数学者认为规范分析和实证分析解决的是两个不同方面的判断问题，使用的是两种不同属性的判断标准，体现两种不同特征的原则，相互间并不存在绝对的对应关系，在经济学研究活动中是完全可以兼容或结合起来的。经济增长质量分析以主观性的价值标准为基础，无法体现理论研究的科学性问题，因此在具体研究过程中可以与实证分析方法相结合，从而实现经济增长质量分析的科学性。

第三，经济增长数量分析与质量分析的研究对象不同。经济增长数量分析以经济增长的数量变化为研究对象。在经济增长理论发展的 200 多年历史里，研究者主要围绕两大主题展开研究：其一是通过要素分析来阐释一定时期内国民收入水平或人均国民收入水平的决定问题，而这从根本上体现的是研究者对经济增长源泉的不同理解。其二是考察经济增长在国与国之间存在的巨大差别，即经济增长是否会产生收敛性的结果，而这代表了研究者对经济增长结果的关注。不管是对经济增长源泉的分析还是对经济增长收敛性的研究都是从经济增长的数量角度来看待经济增长的，这种经济增长数量分析以经济增长的数量变化为研究对象，探讨的是如何实现经济数量上的扩张。经济增长质量分析以经济增长的质量提高为研究对象，由于经济增长质量具有非常丰富的内涵，主要包含经济增长的结构、经济增长的稳定性、福利分配以及资源环境代价 4 个维度，而这就构成了经济增长质量分析研究对象的具体内容。由此可见，经济增长数量分析与质量分析在研究对象上也存在差别。

基于如上分析，我们发现，经济增长数量分析与经济增长质量分析是经济增长问题研究中两种截然不同的分析范式，它们在判断标准、研究方法以及研究对象方面都存在很大的区别。从判断标准来看，经济增长数量分析属于一种陈述客观事实的事实判断，而经济增长质量分析则属于一种讨论行为标准的价值判断。从研究方法来看，经济增长数量分析多采用实证分析的方法，而经济增长质量分析则以规范分析为基础但同时需要实证研究来说明其正确与否。从研究对象来看，经济增长数量分析以经济增长的数量变化为研究对象，而经济增长质量分析则以经济增长的质量提高为研究对象。

四、本书的理解

本书认为在新常态下，对经济增长质量的定义应遵循以下三个前提：

(1)经济增长质量的提高应以经济增长数量为基础。要对经济增长质量的内涵作界定，不能够脱离经济增长的数量。从经典的哲学角度来看，物质决定意识，先有了物质才会有意识。这个道理同样适用于经济增长的数量与质量，经济增长的数量达到一定的程度后，满足了人们日常的生活条件，才会更加注重生活的品质，人们才会追求经济增长的质量。从一个国家的发展角度看，发展中国家在发展经济的初期往往会选择重数量、重速度、轻质量、轻效率的发展道路，随着经济的不断发展，数量的积累日益增多，传统的数量型增长将会凸显出许许多多的矛盾，比如经济增长与环境的矛盾、经济增长与社会稳定的矛盾等，为了解决这些矛盾，国家的经济增长数量增速将逐渐减缓，发展的重心将逐渐向质量倾斜。我国目前经济发展进入了新常态，经济增长数量增速放缓，但这不意味着数量不重要，经济增长数量作为经济增长质量提高的必要条件，一直是经济发展中不可缺失的环节。

(2)经济增长质量是一个多元化的概念。单一地从某一个角度对经济增长质量进行定义都是不够全面的。在新常态下，人们关心的经济发展问题呈现出多元化的趋势。对于广义的经济增长质量，本书认为应主要包括四个方面的内容。首先是经济居民收入的提高，收入的提高是经济增长数量的表现，由于经济增长数量是经济增长质量的前提条件，于是社会总财富的增加必定是经济增长质量的体现，而社会总财富增加使得人均总财富增加，即居民收入有所提高。其次是就业的提升，充分就业是传统宏观经济理论的目标之一，就业率的提高意味着越来越多的居民参与到了经济活动当中，即享受到了经济增长的红利同时也避免了由于失业带来的物质上的匮乏和心理上的失落。再次是环境的改善，在经济增长数量提高的过程中，许多国家采用“先污染，后治理”的政策，当经济数量增长到一定程度后，人们越来越重视生存的环境，环境的改善有益于居民的身心健康，是经济增长质量提高的重要表现。最后是社会稳定，一个社会的稳定与否关系到人与人之间能否和谐相处，良好地进行沟通与交流可以减少交易成本，促进社会的稳定，使得社会公平与正义得以体现，经济增长质量也会随之提高。

(3)经济增长质量的提高在于投资结构的优化。一些发展中国家在经济发展的初期依靠对物资资本的高投入，使得经济增长数量飞速增长。我国目前经济发展进入新常态，“优结构”作为新常态的重要特征，意味着随着数量的不断积累，物资资本的投资收益边际递减，投资结构急需优化。对人力资本、自然资本、社会资本进行投资，不仅可以使 GDP 增加从而提高经济增长的数量，而且对人力资本的投资可以提高就业率，对自然资本的投资可以使环境得到改善，对社会资本的投资可以使社会稳定度提高，这些都可以使经济增长质量得以提升。于是转变投资结构，在对物资资本投资的同时，加大对人力资本、自然资本以及社会资本的投资，是提高经济增长质量的关键所在。

基于这三个前提，本书认为在新常态下的经济增长质量既表现为狭义视角的经济投入产出效率即全要素生产率，也表现为广义的多维度综合性产出结果。

第四节 经济增长理论

一、古典经济增长理论中的经济增长质量相关理论

对经济增长质量问题研究的理论渊源可以追溯到英国古典经济学时期，经济学鼻祖亚当·斯密的标志性著作《国民财富的性质和

原因的研究》中的核心问题就是探究国民财富的增加，即经济增长。斯密在这本书中较为系统地论述了经济增长理论。他认为，经济增长取决于三个主要因素，这三个主要因素分别是劳动分工、资本积累与市场规模扩大。除此之外，他还注意到技术进步和对外贸易等因素对经济增长的重要影响。在技术进步层面，即使在要素投入保持不变的前提下，技术进步也可以促使资源合理配置，从而提高要素生产效率，提升产出水平；在对外贸易层面，对外贸易既有利于国际分工，又有利于让剩余产品实现价值，从而不仅可以促进商品扩大生产，也可以增进消费者利益；在经济制度方面，斯密注意到提倡重商主义的经济政策与不良政治制度对英国产业发展的阻滞作用，将社会经济制度环境纳入为经济增长的影响因素。综上可知，斯密对经济增长动因的分析涉及经济增长质量的主要影响因素，其观点对现代经济增长理论的形成具有重大影响。

18 世纪中叶古典经济学集大成者英国经济学家约翰·穆勒从收入分配的角度论述了国民收入不均对经济增长的消极影响。他指出，“总产量达到一定水平后，立法者和慈善家就无须再那么关心绝对产量的增加与否，此时最为重要的事情是，分享总产量的人数相对来说应该有所增加”，“如果人民大众从经济增长中得不到丝毫好处的话，则这种增长也就没有什么重要意义”。他认为，若经济增长的成果不能被大众分享，就违背了追求“最大多数人的最大幸福”的道德原则，这种增长便毫无意义，同时也违反伦理原则。因此，只有当经济发展成果由全体国民共享时，才是有意义、有质量的增长。

20 世纪 40 年代，增长经济学家哈罗德和多马根据凯恩斯的就业理论和收入决定论，分别提出极为相似的长期经济增长模型，合称为哈罗德-多马模型。哈罗德-多马模型主要研究了产出增长率、储蓄率与资本产出比之间的相互关系，并引入自然增长率的概念，即人口增长与技术进步条件下的国民收入增长率，指出只有当实际增长率等于有保证的增长率，且等于自然增长率的前提下，才能实现充分就业，保证经济的长期均衡增长，提高经济增长质量水平。但这种经济均衡只是一种“刃锋上的均衡”，是不稳定的，经济无法自行纠正实际增长率与有保证的增长率之间的偏离，同时还会累积产生更大的偏离。哈罗德-多马模型另一个致命弱点是没有考虑技术进步、资本折旧、制度变迁等现实影响因素，因而既不稳定，也不现实。但单就物质资料的生产与再生产过程来看，其对分析社会主义经济增长过程，以及如何提高经济增长质量，仍具有重要借鉴作用。

二、新古典经济增长理论中的经济增长质量相关理论

美国经济学家 Solow 是新古典经济增长理论的创建者之一。20世纪 60—70 年代，以 Solow 为代表的经济学家开创了经济增长要素分析法。Solow 突破了古典经济增长理论中长期占据统治地位的“储蓄转化为投资是经济增长的决定性因素”的观点，首次提出“技术进步对经济增长具有重要贡献”的观点(Solow，1956)，把技术进步单独列项，将之作为经济增长中最有意义、贡献最大的一个因素独立出来，并把劳动、投资与技术进步综合起来考察。他在 1957 年发表的论文中构建了相关模型，把技术进步引起的产出增长与人均资本引起的产出增长区分开来。实际上，技术进步引起的人均产出的增加即是经济增长的质量提高部分。从某种程度上来说，技术进步对人均产出贡献程度越大，经济增长质量水平也越高。Solow (1957)利用自己的增长模型，对 1909—1949 年美国私营非农业企业的技术进步状况进行测算。测算结果表明，这期间人均产出翻了一番，其中仅 12. 5%归因于资本投入量的增加，87. 5%未得到解释的部分被归因于技术进步，这一结论引起人们对技术进步的广泛关注。

新古典经济增长模型中虽然引入了技术进步率，能够使资本积累过程收敛于经济增长，从而促使经济持续增长，避免哈罗德-多马模型的“刃锋上的均衡”，但是技术进步仅仅作为经济模型中的一个外生变量，并且该理论未对技术进步的来源作出任何经济解释，既不能解释各国人均收入与经济增长率之间的巨大差异，也无法解释导致技术进步率变动的任何机制。尽管技术进步是外生变量，且致使技术进步的因素无法确定，但是对技术进步整体测算的

研究仍构成了经济增长质量理论的研究主线，且对后来的研究给予了很大的启发。

三、新经济增长理论中的经济增长质量相关理论

由于新古典经济增长理论中把经济增长归结为一个无法把握的事物：外生的技术变化，因而无法解释现代经济增长中的具体实践。Arrow(1971)提出一个生产函数中的知识可以跨时与跨国溢出的内生知识变化的理论，这成为内生经济增长理论的思想源泉。在Arrow的“干中学”模型中，有两个基本假设：其一，知识是投资的副产品，资本存量的提高会导致其知识存量的相应增加；其二，知识是一种公共产品，所有劳动力和固定资产在生产最终产品时效率都会有所提升，这就是知识的“外溢效应”。这一假设意味着，Arrow从普通的以劳动与资本为自变量的柯布-道格拉斯生产函数导出规模收益递增的生产函数，随着投资和生产的进行，新知识将产生，并由此形成递增收益。这表明生产规模收益递增，不是由要素投入增加导致的，而是由非要素投入所引起的效率提升。换句话说，投入要素本身的质量和要素组合质量的提高引起产出效率提高，这即是经济增长的质量部分。日本经济学家Uzawa(1965)在《世界经济评论》上发表《经济增长总量模型中的最优技术变化》一文，假定经济中存在一个独立的教育部门，专门生产人力资本，并用人力资本水平提高表示技术进步，从而将索洛模型中的外生技术变量“内生化”。基于此，Uzawa提出了重要的关于人力资本与经济增长质量的相关理论，以人力资本表征技术进步，本质上是劳动力生产要素素质提高的结果。作为劳动力质量提高的结果，人力资本对经济增长的贡献是经济增长质量提高的主要驱动因素之一。在人力资本促进经济增长质量提高的作用机制层面，美国经济学家舒尔茨指出，人力资本产生的“知识效应”与“非知识效应”直接或间接促进经济增长（Schultz，1961）。Romer（1989）、Grossman和Helpman(1991)从技术进步内生化角度考虑，认为技术进步是经济长期增长的内生渊源，同时技术知识的增长源自单独的研究开发(R&D)部门。通过对研发的不断投入，以及通过知识与人力资本

积累的外溢效应所产生的外在经济影响，经济持续增长即可实现。这类模型因此被称为以研发为基础的内生增长模型(R&D-based growth model)。

至此，经济增长质量的研究主要集中在经济增长中人力资本的内生化研究。美国经济学家 Lucas 在 1988 年的研究中引入专业化人力资本生产的教育部门，提出了一个以人力资本的外在效应为核心的内生增长模式(Lucas，1988)。Lucas 强调，由于人力资本具有外部效应的递增收益使得其成为“增长的发动机”。因此，人力资本投资是长期经济增长的源泉，并认为经济开放度的扩大有利于发展中国家吸收发达国家的新技术与人力资本，从而缩小与发达国家的收入差距。Aghion 和 Howitt(1992)拓展了 Romer 与 Lucas 的内生增长理论，并吸纳熊彼特的创造性破坏动态思想，认为竞争性厂商的“垂直产品创新”是经济增长的根本源泉。新经济增长理论主要研究技术进步的内生化机制，将经济增长质量影响因素由外生给定变为内生不确定。人力资本、产品种类、产品质量等均是技术进步的内生化衡量指标，体现了经济增长过程中的经济效率，这些指标的数值变化实际上就反映了经济增长质量水平的变化。

四、发展经济学中的经济增长质量相关理论

一般来说，经济增长理论侧重于研究发达国家经济的长期发展，而发展经济学则是着力研究发展中国家经济的长期发展。发展经济学的思想渊源为结构主义经济增长理论，其核心观点是充分发挥政府干预职能，来进行经济结构的重大改进，从而实现工业化。而在工业化进程中，资本的稀缺是制约发展中国家经济增长的主要因素，因此，需要进行资本积累来加速发展。

20 世纪 50—60 年代是发展经济学的兴起与快速发展时期，在这段时期内影响较大的发展经济学家及理论主要有：阿瑟·刘易斯的二元经济模型，揭示了发展中国家中普遍存在的二元经济结构；罗森斯坦·罗丹的“大推动理论”，提出应对国民经济的各个部门进行大规模投资，以促进所有部门的平衡增长；拉·纳克斯的贫困恶性循环理论，认为发展中国家之所以存在长期贫困现象，并非国

内资源缺乏，而是因为供给与需求中资本形成的恶性循环；罗斯托的经济成长阶段理论，指出经济发展分为六个经济成长阶段，即传统社会阶段、为起飞创造前提阶段、起飞阶段、向成熟推进阶段、高额群众消费阶段与追求生活质量阶段。

发展经济学中蕴含很多经济增长质量思想。如，转变发展模式或优化产业结构能够促进经济增长。结构主义者 Kuznets(1966)在对现代经济增长的研究中得出，将资源由农业向工业转移是经济结构转型成功的基本特征。多数经济学家承认，经济发展就是经济结构的转型，经济结构转型升级能带动经济增长质量的提高。原因在于，劳动与资本从效率低的部门向效率高的部门转移，能够提高经济的投入产出效率，从而使经济增长加速(钱纳里，1989)。

虽然转变增长模式或优化经济结构在一定程度上能够提升经济增长质量水平，但是没有考虑到社会发展方面的问题，可能会导致有增长无发展的局面。基于此，印度经济学家阿玛蒂亚·森在20世纪80年代提出了一种评价发展的新方法，根据他的思想，联合国开发计划署(UNDP)(1990)提出人类发展(Human Development)概念，并以预期寿命、教育水准与生活质量为变量，编制人类发展指数(Human Development Index，HDI)。

五、新制度经济学中的经济增长质量相关理论

经济增长理论的根本落脚点是探寻经济增长的最终源泉。无论是古典经济学的要素投入决定理论、新古典经济学的外生技术进步决定理论，还是新经济增长中的内生技术进步决定理论，抑或发展经济学的产业结构决定理论，都只重视资源配置的运行层面，而没有很好地探究经济增长的深层次源泉，即制度因素。新制度经济学派的代表人物诺斯曾指出，“主流经济增长理论只论述了增长本身，并没有说明产生经济增长现象的动因，而技术变迁与制度变迁正是社会与经济演进的核心”。

诺斯认为制度变迁是经济长期增长的决定性因素，而制度变迁的核心又在于产权的重新调整。诺斯的制度变迁理论有三大基石，即产权理论、国家理论与意识形态理论。其中，产权理论最为关

键。有效率的产权使经济系统存在激励机制，这种机制的激励作用主要表现在以下三个方面：降低或减少费用；人们的预期收益得到保证；从整个社会来说，清晰界定的产权使得个人的投资收益充分接近于社会收益。而在制度安排上，由于国家的作用无法替代，因此，国家对产权的界定与保护负主要责任。诺斯的制度变迁理论阐明经济长期增长的最终源泉是制度变迁。此观点正确与否姑且不讨论，但无法否认的是，制度创新能够降低交易成本，减少交易摩擦，并且保证了人们的预期投资收益，为推动技术创新提供了制度激励机制，从而加速技术进步，提高整个经济的效率水平。尤其是对制度尚未健全的广大发展中国家具有重要的政策启示，制度创新能够源源不断地释放“制度红利”，促使经济增长质量水平的提高。

第三章　我国经济增长质量测度

第一节　效率视角的经济增长质量

一、测算指标与方法

(一)经济增长质量与全要素生产率

经济增长质量是相对于数量的概念。从一般经济增长模型中可以看到，劳动力与资本的投入将促使经济的增长，进一步地，技术水平的提高也能在劳动力与资本投入不变的情况下使地区经济得到更快速的增长。这是经典的增长模型中可以被观测得到可被解释的经济增长的因素，也可以称之为经济增长的数量。

与经济增长数量不同的是，经济增长质量更多表现为在传统要素投入不变情况下，而促成经济增长的不可解释因素的部分，这里就是全要素生产率。关于全要素生产率思想的产生源远流长，早在亚当·斯密时期就已经注意到了劳动生产率的重要作用。随着经济的发展，生产率作为衡量经济效率的一个重要概念，其应用越来越广泛。理论和分析方法也经历了从单要素生产率到全要素生产率的发展过程。单要素生产率中，最常见的就是劳动生产率和资本生产率，劳动生产率是指产量与劳动投入量之比，资本生产率是指产量与资本投入量之比，分别表示单位劳动和单位资本的产出效率。全要素生产率考虑所有的投入要素如劳动、资本等，是综合衡量全部生产要素生产率的指标。美国经济学家丹尼森以索洛模型为基础，将全要素生产率的增长率定义为产出的增长率减去各生产要素投入增长率的产出效益后的“余值”。因此，从经济增长效率维度来看，经济增长质量就是全要素生产率的提升。

（二）计算指标

郑玉歆（1998）对“余值”即增长率的特点进行了深入的分析。他认为“余值”法导致了增长率内涵的随意性。由于增长率只能通过计算增长余值来得到，而余值中包括的是不能直接观察的所有因素所带来的增长。因此，当研究者对增长来源作更细致的划分和识别并予以分离时，那么，余值部分就会随之变小。例如，如果将劳动力质量和物质资本质量的改进折合成相应的数量单位包括在投入增长中，那么，这时增长率的内涵将不包括体现的技术进步和人力资本的增加部分，而仅包括非体现的技术进步。如果只有部分劳动质量和物质资本质量被识别并被包括在投入增长中，那么，增长率的内涵将不仅包括非体现的技术进步，而且还要包括部分体现的技术进步和部分与人力资本增加的相对应的劳动质量提高部分。

根据经济增长的一般模型，不同的投入要素识别将使得增长率的内涵不同。本书在计算全要素生产率的时候，采用的产出变量为各市GDP，投入变量为劳动（各市从业人员数）和资本（各市固定资产投资）。

（三）计算方法

从目前经济学界对全要素生产率的研究来看，索洛余值法是应用最广泛的一种方法。索洛余值法的基本思路其实就来自于索洛的经济增长因素分析模型，采用产出增长率扣除各投入要素增长率后的残差来测算全要素生产率增长。Charnes（1978）等人提出了数据包络分析（DEA），它可以评价具有同质投入产出决策单元（DMU）的相对有效性，这种方法不需要任何形式的生产函数假定，它是以线性规划为工具，依靠决策单元的实际观测数据，构造出整个观测样本点的分段超平面，即生产前沿面，并由此来评估决策单元的相对效率。Malmquist 指数是通过投入产出距离函数来定义的，Malmquist 生产率指数的测算及其分解依赖于几个距离函数的测算。DEA 通过线性规划构造出最佳生产实践的生产前沿面，而后通过生产点离前沿面的距离就可以测算得出生产单元的相对效率。

本书选取 DEA-Malmquist 指数法对全要素生产率进行计算。DEA-Malmquist 指数法可以将全要素生产率的变动分解为技术进步、纯技术效率变动和规模效率变动。设对于某个评价单元，N 种要素投入 $x_k \in R_+^N$ 经由生产技术 T_K^t 转化为 M 种产出 $y_k \in R_+^M$。对时期 $t=1, 2, \cdots, T$ 而言，有 T 个生产行为观察点：(x^1, y^1)，(x^2, y^2)，$\cdots$，(x^T, y^T)。基于此定义时期 t 的技术 T_K^t 为：$T_K^t=\{(x_k, y_k) \mid x_k$ 能够生产出 $y_k\}$。为了得到生产率随时间的变化的 Malmquist 生产率指数，我们引入距离函数。产出距离函数代表着现实技术面与技术前沿面之间的距离，用于衡量两个技术面之间的拟合程度。根据 Caves(1982)的研究，基于产出的全要素生产率指数可以用 Malmquist 生产率指数来表示：$M_0^t=D_k^t(x_k^{t+1}, y_k^{t+1})/D_k^t(x_k^t, y_k^t)$。Malmquist 生产率指数测度了在时期 t 的技术条件下，从时期 t 到 $t+1$ 的全要素生产率的变化。同样的，我们可以定义在时期 $t+1$ 的技术条件下，测度从时期 t 到 $t+1$ 的全要素生产率的变化的 Malmquist 生产率指数：$M_0^{t+1}=D_k^{t+1}(x_k^{t+1}, y_k^{t+1})/D_k^t(x_k^t, y_k^t)$。按照 Fare(1989)的研究，用两个 Malmquist 生产率指数的几何平均值来计算生产率的变化。Malmquist 生产率变化指数可以被分解为相对技术效率的变化和技术进步的变化。将 Malmquist 生产率指数分解为三个因子的乘积，其中前两个因子分别为技术效率变化带来的增长效应(EFFCH)和技术创新带来的增长效应(TECHCH)，第三个因子刻画了从时期 t 到 $t+1$ 时期之间，投入水平变化带来的产出增长效应(SECH)。三个因子的乘积就是 Malmquist 生产率。其中，TECHCH 代表技术进步，PECH 代表纯技术效率，SECH 代表规模效率。规模效率 SECH 和纯技术效率 PECH 两个因素构成了 EFFCH 效率。其中，纯技术效率 PECH 是在规模收益可变(VRS)的条件下的累积效率变化，而 EFFCH 效率增进是在规模收益不变(CRS)条件下的效率变化。本书主要选取 TECHCH 这个指标作为我们研究的因变量。

EDA-Malmquist 是一种基于投入产出的非参数效率计算方法，不需要对初始的投入产出函数进行设定，而只需要确定投入与产出的具体变量即可。对于一个地区的经济增长质量，我们认为是经济的投入产出比例，并用全要素生产率来描述这一变量。经典的道柯拉斯生产函数中，经济的投入变量一般为劳动力与资本，而产出变量则为 GDP。因此，本书将基于经典的生产函数来选择经济增长质量具体的投入与产出变量，其中产出变量为各市 GDP；投入变量分别为劳动力与资本，其中劳动力为各市当年统计的从业人员数，资本为各市当年统计的固定资产投资额。

二、数据来源与说明

(一)数据来源

本书选择中国 33 个省(市、自治区)(西藏因统计数据不全未计入在内)的 261 个地级市作为研究样本。由于本书主要针对分析的产业转移时段是 2005—2014 年的 10 年，因此我们也选择这一时段内的跨期面板数据来测算 Malmquist 生产力指数，并以此来衡量每个地区的经济增长质量。我们选择每个地级市国内生产总值(GDP)作为产出变量，选择劳动(各市从业人员数)和资本(各市固定资产投资)作为投入变量。各地区生产总值、劳动力人口数量以及固定资产投资量的初始数据可以从《中国城市统计年鉴》(2006—2015)上获得，其中固定资产运用永续盘存法进行换算得到。

(二)数据说明

各年度数据的描述性统计如表 3-1 所示。从表 3-1 中可以看出，GDP 均值、劳动力就业人数以及固定资产投资均随年份增加而不断增长，数据平滑性较好。

表 3-1 **投入产出变量数据统计描述**

年份	指标	平均值	标准差	最小值	最大值
2005	GDP(亿元)	680.78	961.60	44.88	9150.00
	劳动力(万人)	39.39	63.79	4.29	878.05
	固定资产投资(亿元)	305.38	416.74	29.49	3540.00
2006	GDP(亿元)	794.13	1110.00	51.93	10400.00
	劳动力(万人)	38.78	46.74	4.25	513.79
	固定资产投资(亿元)	365.98	480.50	33.07	3930.00

续表

年份	指标	平均值	标准差	最小值	最大值
2007	GDP(亿元)	946.09	1310.00	61.84	12200.00
	劳动力(万人)	39.81	49.69	4.37	544.38
	固定资产投资(亿元)	456.24	570.67	41.01	4460.00
2008	GDP(亿元)	1130.00	1520.00	75.79	13700.00
	劳动力(万人)	40.42	51.67	4.21	570.26
	固定资产投资(亿元)	570.27	670.27	53.68	4830.00
2009	GDP(亿元)	1260.00	1700.00	87.93	15000.00
	劳动力(万人)	42.08	55.05	4.53	619.35
	固定资产投资(亿元)	752.14	836.42	40.44	5490.00
2010	GDP(亿元)	1500.00	1990.00	104.03	17200.00
	劳动力(万人)	43.41	57.36	5.01	646.63
	固定资产投资(亿元)	932.75	998.93	49.58	6930.00
2011	GDP(亿元)	1790.00	2320.00	133.75	19200.00
	劳动力(万人)	47.89	64.98	5.11	685.90
	固定资产投资(亿元)	1010.00	1080.00	65.24	7580.00
2012	GDP(亿元)	1990.00	2550.00	158.45	20200.00
	劳动力(万人)	52.64	82.64	6.00	856.20
	固定资产投资(亿元)	1220.00	1270.00	36.01	9250.00
2013	GDP(亿元)	2180.00	2790.00	182.95	21600.00
	劳动力(万人)	63.00	95.68	6.10	923.30
	固定资产投资(亿元)	1450.00	1460.00	102.97	11100.00
2014	GDP(亿元)	2350.00	3040.00	201.03	23600.00
	劳动力(万人)	63.18	97.01	6.36	954.34
	固定资产投资(亿元)	1640.00	1640.00	86.00	13100.00

资料来源：根据《中国城市统计年鉴》(2006—2015)相关数据计算获得。

三、测算结果

（一）全国总体的结果

表 3-2 列出了 2005—2014 年的每年度全国整体经济增长质量的 Malmquist 指数及其分解结果。图 3-1 展示了 2005—2014 年每年的全要素生产率增长情况。

表 3-2　　**Malmquist 指数及其分解(2005—2014)**

年份	*M* 生产率指数	技术效率变化	技术变化	纯技术效率变化	规模效率变化
2005—2006	0.992	0.691	1.467	0.859	0.836
2006—2007	1.006	1.236	0.819	1.242	1.001
2007—2008	0.990	1.074	0.921	1.071	1.000
2008—2009	1.136	1.022	1.111	1.055	0.969
2009—2010	1.067	1.050	1.015	1.054	1.002
2010—2011	0.914	1.012	0.902	1.010	1.004
2011—2012	1.054	0.991	1.064	0.987	1.009
2012—2013	1.127	0.707	1.618	0.708	1.013
2013—2014	0.982	1.097	0.902	1.080	1.022
平均	1.030	0.987	1.091	1.007	0.984

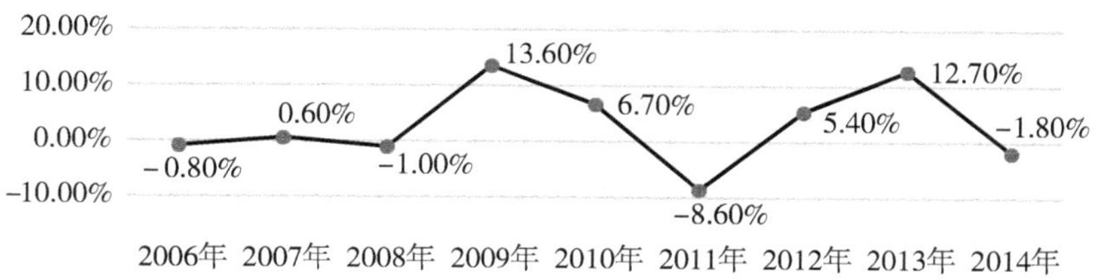

图 3-1　2005—2014 年的全要素生产率

从表 3-2 和图 3-1 中可以发现，2005—2014 年的 10 年间，我国全要素生产率总体呈现波浪式缓慢上升的趋势。从 2008 年至 2009 年间有一个显著的上升，这可能与 2008 年金融危机后经济的迅速恢复有关，随后有一个持续的下降过程；到了 2012—2013 年又有了新一轮的显著上升，这也可能与当时政策刺激相关。

总体而言，2005—2014 年我国经济增长质量平均增长率为 3%，这主要得益于技术变化，这 10 年间技术变化平均增长率为 9.1%，而同期技术效率平均增速则为-1.3%，其中规模效率变化则为-1.6%，纯技术效率变化增速为 0.7%。这表明，技术效率的负增长制约了技术引起的增长，从而使整体的全要素生产率仅维持在了 3%左右的水平。

（二）东、中、西部地区的结果

进一步地，我们分别对东、中、西部地区进行全要素生产率的测算，结果如表 3-3 所示。2005—2014 年东、中、西部地区的全要素生产率计算结果如图 3-2 所示。

表 3-3　**东、中、西部地区 Malmquist 指数及其分解（2005—2014）**

	东部地区			中部地区			西部地区		
	M 生产率指数	技术效率变化	技术进步	*M* 生产率指数	技术效率变化	技术进步	*M* 生产率指数	技术效率变化	技术进步
2005—2006	0. 968	0. 734	1. 344	1. 022	0. 664	1. 568	0. 985	0. 673	1. 492
2006—2007	0. 985	1. 161	0. 852	1. 038	1. 314	0. 796	0. 992	1. 226	0. 814
2007—2008	0. 977	1. 057	0. 924	1. 000	1. 084	0. 922	0. 993	1. 083	0. 917
2008—2009	1. 088	0. 980	1. 111	1. 169	1. 049	1. 113	1. 155	1. 041	1. 108
2009—2010	0. 990	1. 080	0. 916	1. 002	1. 066	0. 923	1. 000	1. 092	0. 916
2010—2011	0. 919	1. 017	0. 902	0. 886	0. 984	0. 902	0. 938	1. 038	0. 904
2011—2012	1. 070	1. 003	1. 068	1. 057	0. 988	1. 071	1. 031	0. 981	1. 050
2012—2013	1. 104	0. 703	1. 593	1. 115	0. 708	1. 598	1. 167	0. 711	1. 670

续表

	东部地区			中部地区			西部地区		
	M 生产率指数	技术效率变化	技术进步	*M* 生产率指数	技术效率变化	技术进步	*M* 生产率指数	技术效率变化	技术进步
2013—2014	1.003	1.145	0.886	0.975	1.078	0.909	0.966	1.066	0.914
平均	1.012	0.987	1.066	1.029	0.993	1.089	1.025	0.990	1.087

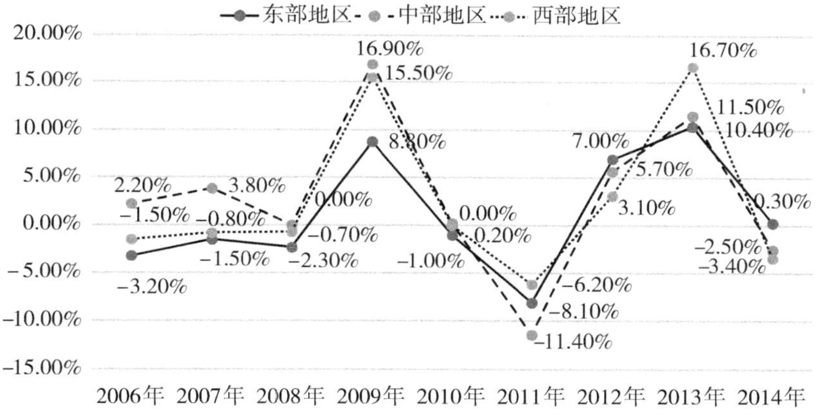

图 3-2 2005—2014 年东、中、西部地区的全要素生产率

从图 3-2 中可以看出，东、中、西部地区的全要素生产率增长率的变化趋势基本与同期全国的变化趋势相一致：总体呈现波浪式缓慢上升，并且在 2008—2009 年、2012—2013 年出现了显著的上升趋势。

进一步地分析，可以发现 2005—2014 年中部地区全要素生产率增长最快，平均达到 2.9%；西部地区全要素生产率增长居中，为 2.5%；而东部地区全要素生产率增长率明显低于中部地区和西部地区，仅为 1.2%。表明我国中部地区与西部地区正在快速发展，而东部地区由于发展相对比较成熟，发展速度相对缓慢。

从各地区全要素生产率的贡献程度来看，技术进步是东、中、西部地区经济增长质量提升的关键因素，年均增长率分别为 6.6%、8.9%、8.7%，而技术效率的变化则成为各地区经济增长质量提升的制约要素，年均增长率分别为-1.3%、-0.7%以及-1%。

第二节　综合视角的经济增长质量

一、测算指标与方法

(一)经济增长质量内涵的维度

从投入产出效率角度来定义经济增长质量是一种相对狭义的理解，而广义的经济增长质量应该是相对于经济增长数量而言的，属于一种经济发展的价值判断，即判断经济发展应当注重多个方面的效益与结果，包括增长的代价最小、社会福利最大化、经济运行的平稳化、产出效率的最大化、产业结构的高级化等，具有丰富的内涵。通过梳理不同学者的研究文献，本节采用任保平(2013)关于经济增长质量的内涵界定，将经济增长质量的维度划分为 4 个方面，分别为：(1)经济增长结构，对应于产业结构的升级与优化等；(2)经济增长稳定性，对应于经济运行的平稳程度；(3)福利变化及成果分配，对应于经济增长带来的社会福利的最大化及公平性；(4)生态环境代价，对应于经济增长所带来的资源、环境和生态的代价。

(二)经济增长质量各维度的测度指标

本书考虑选择多个指标来分别测度经济增长质量中的不同维度，以减少不同指标对于经济增长质量维度的影响，使评价更加全面客观。但是同时考虑到不同维度之间的指标选择可能存在较强的相关性等问题，本书将对每个维度分别选择 2 个指标来进行度量。

经济增长结构主要反映不同产业的占比组成，可以考虑用产业比重来进行衡量。一方面，考虑当前我国已进入服务主导型经济(即第三产业对 GDP 的贡献在三产业中最大)，因此选择运用第三产业产值比重来进行度量；另一方面，经济增长的结构还表现为就业人员的比重，为了与第三产业产值比重相区别，则选择第二产业就业人员比重进行衡量。

经济稳定性主要反映经济运行的平稳化程度，可以考虑运用波动化指标来进行衡量。一方面，本书选择 GDP 波动(即后一年 GDP 增长率相比前一年的波动率)作为整体宏观经济稳定性的指标；另一方面，考虑到经济运行对消费方的影响，本书又选择各地区的消费者价格指数来测度经济运行对居民消费带来的波动性影响。

福利变化及成果分配反映了经济增长所带来的成果及成果的分配。福利是相对于民众而言的，对于普通民众经济增长所带来最直接的福利成果就是收入，因此本书首先选择职工平均工资来进行衡量。另外，福利还是一个社会性的概念，主要表现为经济增长对社会的公共资源与服务带来的改善，基于这一点考虑，本书选择了人均城市道路面积来衡量。

生态环境代价反映了经济增长所带来的资源、环境以及生态等方面的成本与代价。考虑近年来环境污染中空气污染最为受人们关注，本书首先选择运用工业烟尘排放量作为生态环境代价的衡量变量。其次，本书考虑从经济投入的角度进一步来测度各地区为保护生态环境所付出的经济性成本，选择地区环境污染治理总投资来进行测度。

对于经济增长质量以上 4 个维度，本书选择了 8 个指标进行测度。8 个指标中有正向指标和负向指标，本书在具体数据处理时分别采用了取倒数的方法。同时对于一些数值较大的正向指标，采用取对数的方法进行处理。

经济增长质量维度及指标如表 3-4 所示。

表 3-4　**经济增长质量维度及指标**

维度	分项指标	指标取向	处理
经济增长结构 Y1	三产比重	正	无
	二产就业人员比重	正	无
经济增长稳定性 Y2	GDP 波动率	负	取倒数
	CPI	负	取倒数

续表

维度	分项指标	指标取向	处理
福利变化及成果分配 Y3	职工平均工资	正	取对数
	人均城市道路面积	正	取对数
生态环境代价 Y4	工业烟尘排放量	负	与最大值比后取倒数
	环境污染治理总投资	正	取对数

(三)经济增长质量的计算方法

对于表 3-4 所示的经济增长质量维度及指标，需要选择一种方法能将其合成评价为最终的一个数值结果。本书考虑选择运用主成分分析的方法来完成。

主成分分析也称主分量分析，旨在利用降维的思想，把多指标转化为少数几个综合指标(即主成分)，其中每个主成分都能够反映原始变量的大部分信息，且所含信息互不重复。这种方法在引进多方面变量的同时将复杂因素归结为几个主成分，使问题简单化，同时得到更加科学、有效的数据信息结果。在实际问题研究中，为了全面、系统地分析问题，必须考虑众多影响因素。这些涉及的因素一般称为指标，在多元统计分析中也称为变量。因为每个变量都在不同程度上反映了所研究问题的某些信息，并且指标之间彼此有一定的相关性，因而所得的统计数据反映的信息在一定程度上有重叠。上文中为构建经济增长质量选择 4 大模块 8 个指标，分项指标之间具有一定的相关，因此本书利用主成分分析的方法将 8 个指标合称为 4 大模块的主成分，并进行具体分析。

二、整体测算结果及分析

(一)全国总体的结果

通过主成分分析，本书可以得到每个地区的经济增长质量的指数，全国总体经济增长质量 2005—2013 年的情况如图 3-3 所示。

通过图 3-3 可以发现，中国的经济增长质量呈现逐年上升的趋势，在 2008—2010 年这三年间经济增长质量的增长速度有所下降

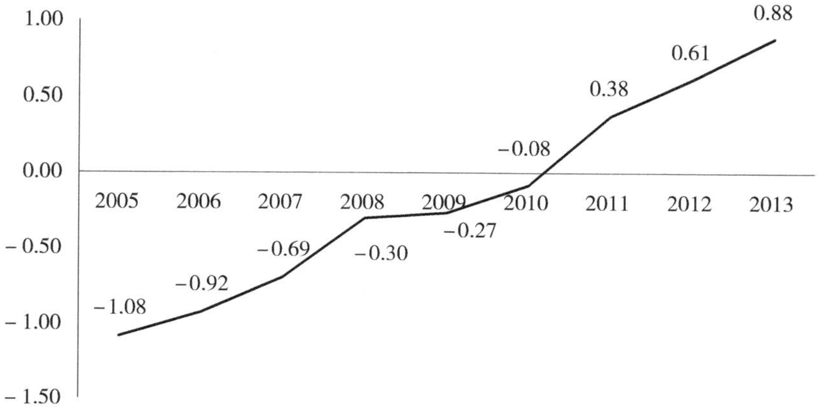

图 3-3 2005—2013 年全国经济增长质量

之外，其他年份都保持着稳定的增长速度。

（二）分东、中、西部地区的结果

中国由于地域的差异，其经济的发展也根据地域的巨大差异呈现一定程度的不同，一般来说，位于沿海平原的东部地区由于其突出的交通、人口居住优势，相对于中西部地区，其经济发展更加迅速，但是就经济增长质量来说，是否也能呈现这样的发展趋势呢？2005—2013 年东、中、西部地区的经济增长质量情况如图 3-4 所示。

通过图 3-4 可以发现，东、中、西部地区在 2005—2013 年的经济增长质量都呈现上升的趋势，意味着经济质量是往健康的方向发展，这与我国历年来的改革转型政策的制定执行剥离不开。同时，尽管东部地区的经济增长质量要高于中西部地区，但这种差距并不大，且在 2010 年，中部地区和西部地区的经济增长质量均超过东部地区。通过中部地区和西部地区的对比可以发现，在 2010 年之后的发展里，中部地区的经济增长质量与西部地区之间的差距渐小，且呈现出西部地区的经济增长质量将高于中部地区增长质量的趋势。

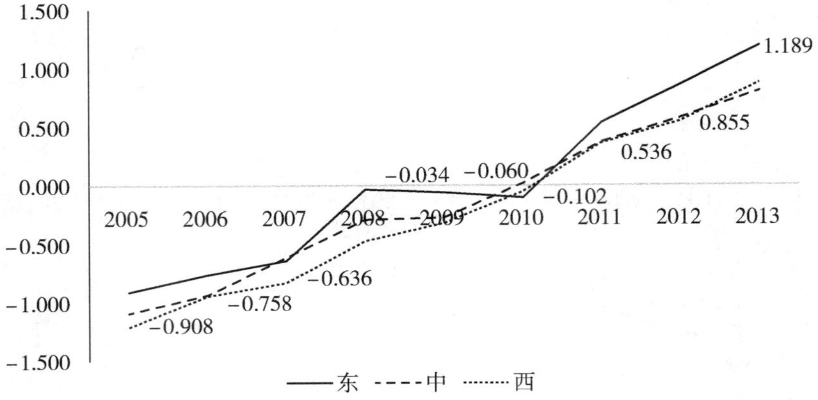

图 3-4　2005—2013 年东、中、西部地区经济增长质量

三、分维度结果分析

(一)全国分维度的结果

从前文可知，经济增长质量是一个结构指标，是由几个不同模块的指标综合计算得出，其包含了经济增长结构、经济增长稳定性、福利变化与成果分配、生态环境代价 4 个维度。图 3-5 至图 3-8 展示了 2005—2013 年全国经济增长质量的 4 个维度，通过对不同维度的分析，可以更细致地理解经济增长质量的构成。

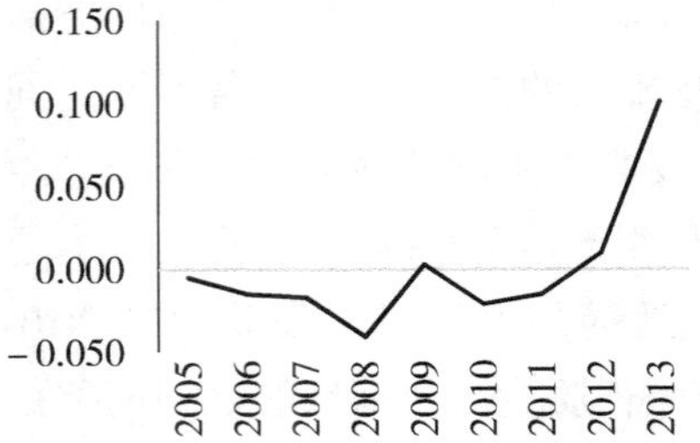

图 3-5　2005—2013 年经济增长结构

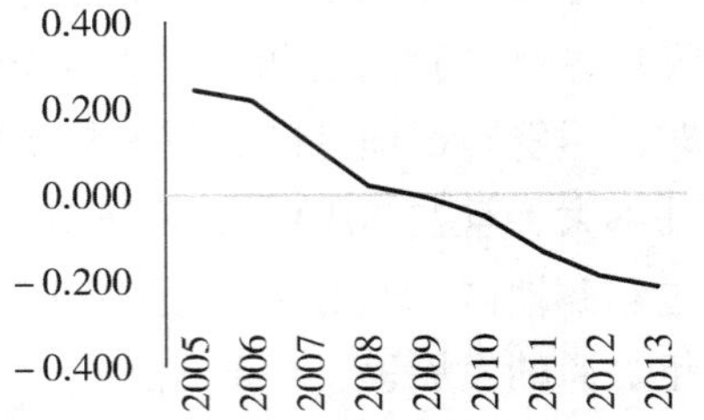

图 3-6　2005—2013 年经济增长稳定性

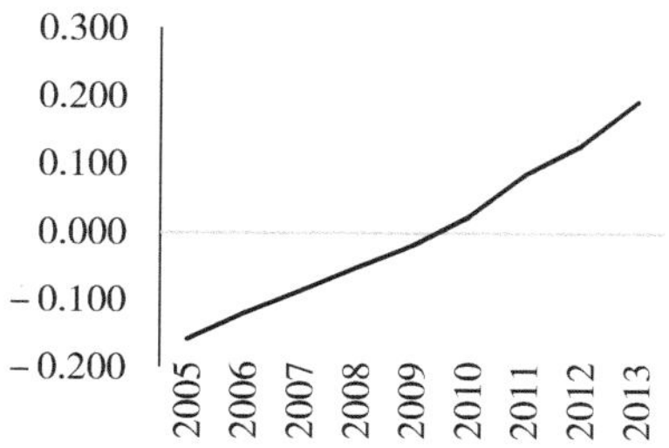

图3-7 2005—2013年福利变化与成果分配

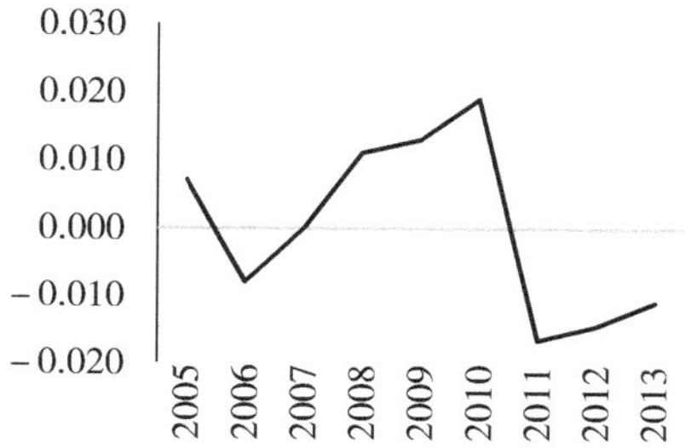

图 3-8 2005—2013 年生态环境代价

从经济增长结构来看，2005—2009 年，经济增长结构处于一种波动下降的状态，而在 2009 年之后得到了短暂的优化提升，在经历了几年的稳定发展之后，经济增长结构从 2012 年开始快速提升，说明我国的经济增长结构在优化。

从经济增长稳定性来看，2005—2013 年，经济增长质量的稳定性呈现逐年下降的趋势，这说明我国的经济在快速发展的同时，也面临着非同一般的风险和挑战。

从福利变化与成果分配来看，2005—2013 年，国家很好地实现了让人民享受经济发展成果的分配，人民的生活水平在逐年提高，社会的基础发展建设设施更加完善。

从生态环境代价来看，2005—2013 年，经济发展带来的生态问题呈现不稳定的波动发展状态。2006—2010 年，经济发展对于生态环境的危害和破坏在逐步得到重视，有向好的趋势发展。但在 2011 年之后，经济的发展对于生态环境的危害突然提高，这说明了我国的生态环境保护还是属于一种“运动式”的模式，没有形成一种常态。

(二)分东、中、西部地区的结果

与上部分一样，在对全国地区的经济增长质量进分析之后，又从东、中、西部地区的差异来呈现了地区之间的增长质量差异。因此，在我们对全国地区 2005—2013 年，经济增长质量的 4 个维度：经济增长结构、经济增长稳定性、福利变化与成果分配、生态环境代价，进行分维度统计后，也将东、中、西部地区的经济增长质量进行了相应的比较，如图 3-9 至图 3-12 所示。

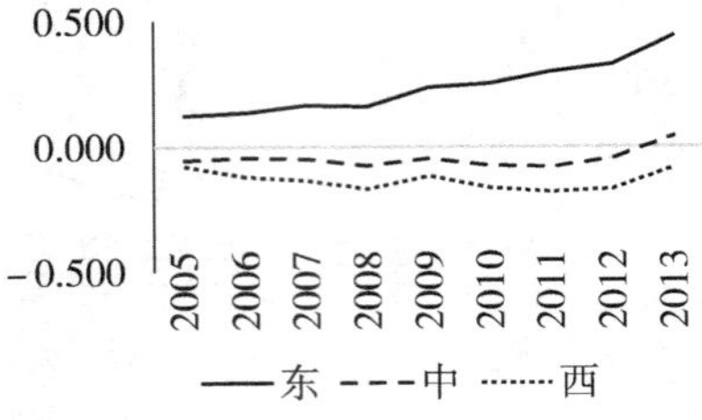

图 3-9　东、中、西部地区经济增长结构

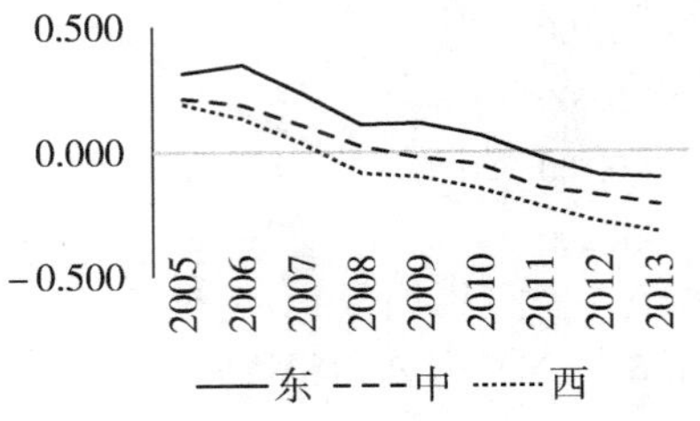

图 3-10　东、中、西部地区经济增长稳定性

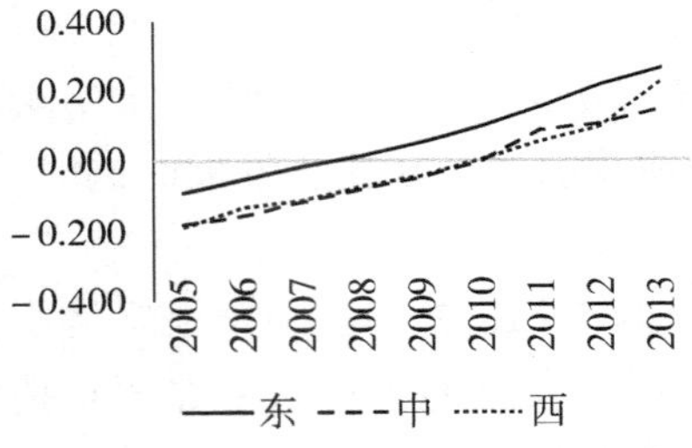

图 3-11　东、中、西部地区福利变化及成果分配

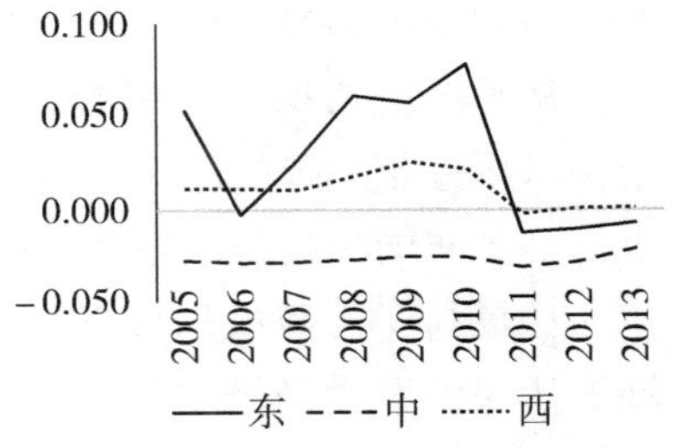

图 3-12　东、中、西部地区生态环境代价

从经济增长结构来看，东部地区的经济增长结构显著优于中西部地区，且呈现一种上升发展的趋势，这是由于东部地区的经济增长的主要贡献者来自于第三产业，而劳动力成本的上升和土地资源的稀缺性使得第一、第二产业不断地向中西部地区进行转移，造成中西部地区三产业发展滞后，使得主要的经济增长动力来源于第二产业，因此在经济增长的结构上呈现劣势。

从经济增长稳定性来看，东、中、西部地区的经济稳定性与全国趋势一致，均呈现逐年下降的趋势，说明在经济发展中遇到的风险挑战不仅仅是由东部地区所承担，中、西部地区的经济稳定也受到了一定的影响。

从福利变化及成果分配来看，东部地区一直保持着稳定上升的趋势，且在成果分配上显著高于中西部地区，这说明东部地区的经济分享成果更多地被体现于工资水平的提升和基础建设的发展上。而中西部地区之间在福利、成果的分配上的质量不高。

从生态环境代价来看，中部地区在经济发展过程中，生态环境代价最为严重，持续稳定保持在最低的水平，而东部地区的生态环境质量呈现波动特征，在 2006—2010 年生态环境保护呈现上升的趋势，而在 2011 年之后，生态环境代价的得分大幅降低，说明经济发展过程中，生态环境不总是受到首要保护，而是一种波动不稳定的状态。

第四章　我国地区产业转移测度

第一节　产业转移的度量

一、产业转移的度量方法

国内外有关产业集聚或转移的文献，在研究方法上以构建模型为主，很少以定量指标来测度区域集聚或转移水平；在研究内容上注重本区域产业集聚或转移的运用型研究，缺乏集聚水平基础数据研究。考虑可获得性、质量性及计算的可操作性，本书尝试以区域熵指标测度基础性的集聚程度数据。

在信息系统中，熵是对不确定性的一种度量，信息熵越大，信息不确定性越大，信息的效用值越小，权重就小；信息熵越小，不确定性越小，信息的效用值越大，其权重就越大。一般认为熵值法能够深刻反映出指标信息的效用价值，它克服了多指标变量间的信息重叠及人为确定权重的主观性，所给出的指标具有更高的可信度，适合对多元指标进行综合评价。在熵值法中，为了便于不同数值之间的比较，需要对原始数据进行标准化处理。标准化的处理手段是熵值法极为重要的内容，它涉及评价的科学性。所谓熵，就是比率的比率，它由哈盖特(P. Haggett)首先提出并用于区位分析中。区位熵，又称专门化率，用以衡量某一区域要素的空间分布情况，反映某一产业部门的专业化程度，以及某一区域在高层次区域的地位和作用等方面。

在确认产业转移的评判指标时，我们选取区域熵值法进行比较，即通过地区规模以上工业总产值增长率与当年全国规模以上工业总产值增长率的比值进行比较，来判断一个区域是产业转移地，还是产业承接地。

其计算公式为：

$$\mathrm{LQ}_{ij} = \frac{x_{ij} \ / \ \sum_{i} X_{ij}}{\sum_{i} x_{ij} \ / \ \sum_{j} \sum_{i} X_{ij}} \tag{4-1}$$

通过(4-1)式计算某地市的工业总值的增长率并与全国水平进行比较，比值大于1，则认为该地区的工业总产值的增长率超过了全国的平均增长水平，在产业转移的过程中处于产业承接的地位；如果比值小于1，则认为该地市的工业总值增长率未达到全国的平均水平，则该地区在产业转移过程中处于产业转移的状态。本书以2005—2014年全国各地市的工业总产值为原始数据，计算出每个地区2005—2014年的工业产值增长率，同时从工业统计年鉴上统计了2005—2014年全国的工业总产值，计算出2005—2014年全国工业总产值的平均增长率。将各地市同期的增长率与全国当年的增长水平进行比较，客观地反映了各地市的产业聚集(转移)程度。

二、产业转移的度量分类

(一)产业转出与产业承接的分类

产业转移不仅包括产(企)业在地理位置上的部分或整体迁移还包括产业区位的变化。即使两个地区间没有直接的产(企)业迁移活动，但一个地区的需求增加导致另一个地区产业的增加也被看作产业转移的发生。本书延续采用间接的方式度量产业转移，运用区位熵作为度量产业转移的指标。在地区层面，将地区规模以上工业总产值增长率与当年全国规模以上工业总产值增长率的比值作为该地区的产业转移的度量变量，因此每个地区每一年都有一个产业转移值，这个值也是我们分析的自变量 X。对地区产业转移进行分类时，将地方工业总产值整体增长率大于全国水平的地区划分为产业承接地区G1；将地方工业总产值整体增长率小于全国水平的地区划分为产业转出地区G2。

用公式表示为：

$$x = \frac{(g_t - g_{t-1})/g_{t-1}}{(G_t - G_{t-1})/G_{t-1}}, \tag{4-2}$$

其中，g_t 代表某地区一年的工业总产值，G_t 代表全国的工业总产值，当 x 小于 1 时，则该地区为产业承接地区；当 x 大于 1 时，则该地区为产业转出地区。

一般来讲，产业承接地区一般属于欠发达的地区，经济发展程度相对较低，工业化水平落后，创新程度低，有充裕的劳动力和自然资源；而产业转出地区的劳动力要素成本较高，土地等资源短缺，市场相对饱和。产业转移除了市场自身资源配置的动力外，还在很大程度上受到政府产业政策的影响，例如对于未来进一步重点发展工业的地区，将会强化集中式的产业集群，扩建产业园区等。当然，近年来受到越来越严格的政府环境政策规制，对于一些未来定位为发展生态与旅游的城市与地区而言，将会进一步淘汰与迁出制造产业。地区产业的转入与转出，是两个最为基本的产业转移状态，本书将地区的产业转移分为产业转出组和产业承接组主要基于以下几个方面的考虑：

(1)更清晰地定位各地区的产业转移状态。与全国的工业总产值对比，可以清晰地看出每个地区产业流入与流出状况。工业总产值报告了工业企业在生产期的工业产品总量，将某一地区的工业总产值与全国的进行对比，可以较为清晰地看出每个地区工业产品总量与全国的总体情况。

(2)更直观地进行地区间产业转移状态的比较。采用转入与转出这种二分法的方式度量产业转移，可以很容易地进行不同产业转移形式的分组(即转出组与转入组)，便于对两组之间进行清晰的比较分析。

(3)更利于后文的分组回归与分析。从目前的文献来看，较少有研究会分别分析产业流入与流出对地区经济的影响，这样的划分也是本书研究方法方面的创新。同时，这样分组也有利于后文分别分析不同产业流向的地区的经济增长质量问题。

(二)产业转移的时间维度

改革开放后，我国产业转移的政策最初是在 2001 年提出来“西部大开发”的概念，目的是“把东部沿海地区的剩余经济发展能力，用以提高西部地区的经济和社会发展水平、巩固国防”。2006 年 12 月 8 日，国务院常务会议审议并原则通过《西部大开发“十一五”规划》，政策的目标在于努力实现西部地区经济又好又快的发展。2006 年又出台了“万商西进工程”，进一步加大了区域协调发展的战略部署，强化了国际和东部开放型产业向中西部地区梯度转移。2009 年出台中部崛起计划，促进了中部地区崛起的政策体系，进一步优化了区域开发结构。

表 4-1　**2005—2014 年国家出台的产业转移相关政策**

时间	发布机构	政策名称	主要内容	主要目标
2006 年 12 月 8 日	国务院	《西部大开发“十一五”规划》	实现西部地区经济又好又快的发展，基础设施和生态环境建设取得新突破，重点区域和重点产业的发展达到新水平	把东部沿海地区的剩余经济发展能力用以提高西部地区的经济和社会发展水平、巩固国防
2006 年 9 月 30 日	商务部	“万商西进工程”	支持中西部等地区国家级开发区加强基础设施建设，支持中西部等地区国家级开发区加强基础设施建设，积极开展投资促进活动，大力推进产业梯度转移	区域协调发展的战略部署，大力推进国际和东部开放型产业向中西部地区梯度转移
2009 年 9 月 23 日	国务院	《促进中部地区崛起规划》	中部地区经济发展水平显著提高；经济发展活力明显增强；可持续发展能力不断提升；和谐社会建设取得新进展	争取到 2015 年，中部地区实现经济发展水平显著提高、发展活力进一步增强、可持续发展能力明显提升、和谐社会建设取得新进展的目标

续表

时间	发布机构	政策名称	主要内容	主要目标
2010 年 9 月 6 日	国务院	《关于中西部地区承接产业转移的指导意见》	因地制宜承接发展优势特色产业、促进承接产业集中布局、改善承接产业转移环境、加强资源节约和环境保护、完善承接产业转移体制机制、强化人力资源支撑和就业保障	实现东中西部地区良性互动，逐步形成分工合理、特色鲜明、优势互补的现代产业体系，不断增强中西部地区自我发展能力
2012 年 8 月 27 日	国务院	《关于大力实施促进中部地区崛起战略的若干意见》	稳步提升“三基地、一枢纽”地位、推动重点地区加快发展、大力发展社会事业、加强资源节约和环境保护、大力推进改革创新等	到 2020 年，中部地区经济发展方式转变取得明显成效，年均经济增长速度继续快于全国平均水平，整体实力和竞争力显著增强，经济总量占全国的比重进一步提高，区域主体功能定位更加清晰
2012 年 10 月 1 日	工业和信息化部	《产业转移指导目录(2012 年本)》	针对国家区域战略确定的东北、东部、中部和西部四大区域，分别明确了发展方向；按照省(区、市)分行业提出承接发展的重点，并明确落实到具体的产业带或产业园区(集聚区)	着力推进现有产能的布局调整和优化，主要对 15 个传统行业提出了转移的方向和重点

通过对 2005—2014 年我国相关地区发展及产业转移政策的梳理，我们可以发现，我国产业转移政策正式出台是 2010 年，为了便于更好地进行政策分析，我们以 2010 年为节点将这 10 年首先划分为两个阶段：政策前，2005—2010 年；政策后，2011—2014 年。为了分析得更加深入，我们将政策前的阶段进一步划分为政策酝酿

期(2005—2007年)与政策出台期(2008—2010年)。由此，我们以2007年及2010年为时间节点，将产业时间维度划分为政策酝酿期(2005—2007年)、政策出台期(2008—2010年)、政策实施期(2011—2014年)三个阶段，如表4-2所示。我们可以看到，2007年以前重点围绕西部大开发出台了系列政策建议；2008—2010年则重点围绕着中部地区崛起的战略在推进各项政策；2011—2014年则更加突出地强调鼓励东部地区向中西部地区进行产业转移的相关支持政策。

表4-2 **2005—2014年10年间我国产业转移发展的阶段划分**

阶段	时间	划分节点依据	主要特点
政策酝酿期	2005—2007年	2007年继续加快东西部产业转移步伐，2009年促进中部地区崛起政策实施	政策酝酿
政策出台期	2008—2010年		政策颁布
政策实施期	2011—2014年		政策加强

这样分的优势在于可以比较清晰地对政策的酝酿期、出台期、实施期进行对比，从时间维度来探讨产业转移的状况。

第二节 区域产业转移整体状况分析

一、计算结果

按照上述方法分析2005—2014年全国主要地级市产业转移情况。

从整体来看，2005—2014年产业转出的地区有52个，这些地区从区位分布来看主要分布于津京冀地区、长三角地区以及珠三角地区，这些地区的经济发展总体呈现经济发展水平较高、市场化程度较深、对外开放情况程度深、产业价值链高、科技人才水平高等特征。此外，拥有丰富的资源禀赋(矿产资源、生态资源等)的地区也呈现较为明显的产业转出态势，这些地区的发展受到较为明显的资源与环境的约束，自然矿产资源进一步消耗或地区生态发展战略的转型，都将促使这些地区进一步向外转出低端制造业。从整体产业转移的情况来看，绝大部分的地区均承接了外来的工业产业，占总体地区数量的 80%以上，表明 2005—2014 年我国地区的产业转移有效地促进了整体的工业化水平提升。这些地区则分布于中部、西部以及东北三省等区域，进一步分区域来看，东部地区产业转出，中西部地区承接产业转移的态势明显。

二、重点区域分析

（一）津京冀地区

如图 4-1 所示，京津冀地区产业转移主要表现为以北京为核心产业不断向天津与河北等地转出，转出地有北京、秦皇岛，其他地区为主要转入地，这说明了 2005—2014 年北京对周边地区制造业产业的影响，特别是天津也属于承接的地区，说明北京对向周边地区退出制造业产业具有强劲动力。

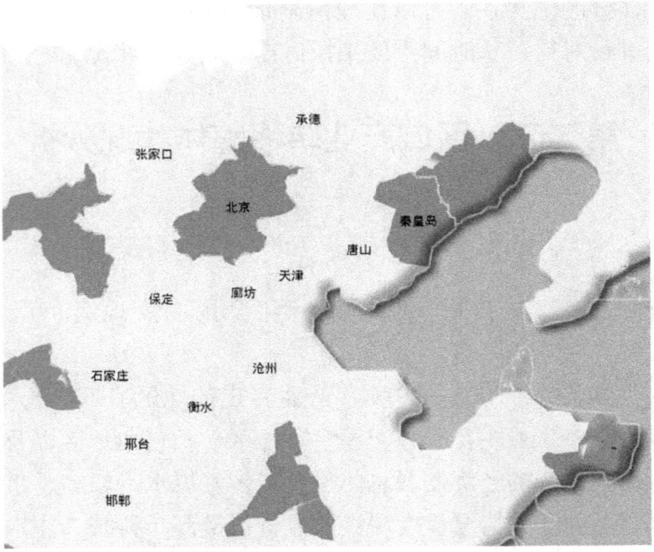

注：　　代表承接产业转移的地区，　　代表产业转出的地区。

图 4-1　津京冀地区

(二) 长三角地区

如图4-2所示，长三角地区的产业转出非常显著，明显地表现为以上海为中心，以及嘉兴、苏州、杭州等普遍认为是产业转移的地区有由沿海向内陆中心不断转移的态势，而绍兴、宁波、金华、台州等沿海城市也表现出明显的产业转移的趋势，这说明长三角地区产业转移趋势明显，以上海为中心向周围城市产业转移明显，并逐渐向内陆城市发散。

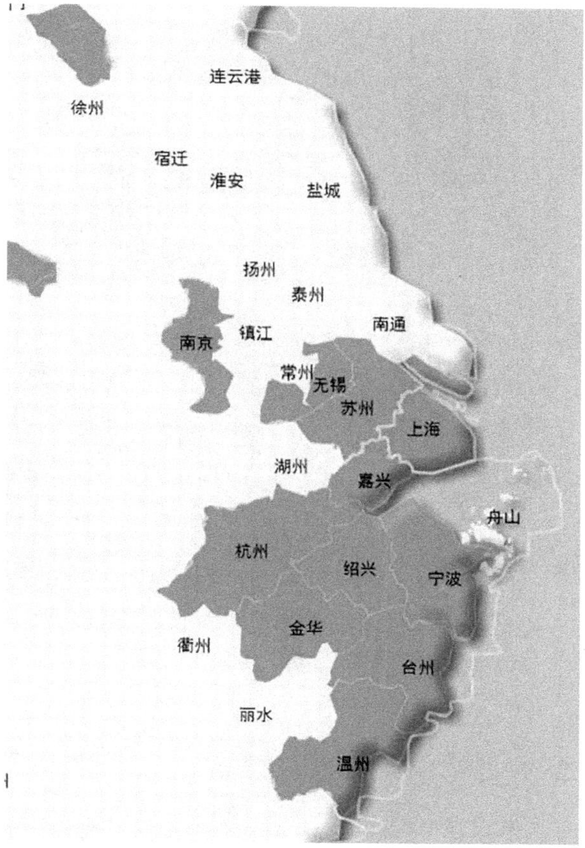

注：　　代表承接产业转移的地区，▬ 代表产业转出的地区。

图4-2　长三角地区

(三)珠三角地区

如图 4-3 所示，制造业产业以深圳、广州、东莞为核心，向周边地区不断扩散，而普遍认为产业转出的佛山、惠州等地，也属于不断承接制造业产业的地区。佛山与惠州等制造业较发达的地区也在不断承接制造产业，这可能是因为处广州与深圳两个发达的地区之间。发达城市的进一步服务业化需要将制造业向外迁移，而首当其冲的就是制造业已形成聚集效应的佛山与惠州，它们是制造业企业迁出广州或深圳的首选之地。

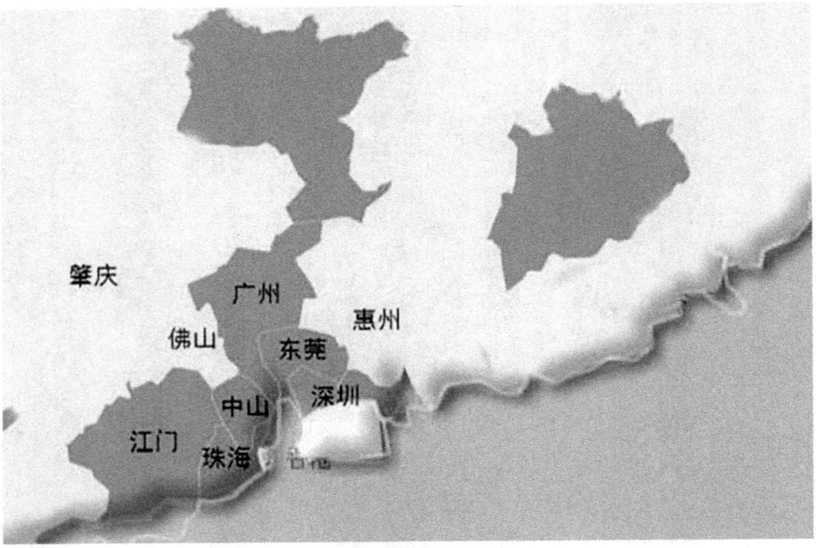

注： 代表承接产业转移的地区， 代表产业转出的地区。

图 4-3 珠三角地区

三、整体分析结果

从全国整体来看，2005—2014 年产业转移具有以下特征：

(1)形成了较为明显的由东部沿海向内地中、西部地区转移。中部的湖北、湖南、安徽、江西、河南以及西部的四川、重庆以及宁夏等地处于明显的承接产业地位，而东部沿海的转出地区则主要集中于长三角地区的上海、江苏、浙江等地，以及珠三角的深圳、广州、珠海等地。

(2)省内核心城市向周边城市转移。除了明显的东南部沿海向中部转移的趋势外，距东南沿海较远的西北与东北的多数省份则明显地表现出以省会等城市为核心，向周边城市转移的局部产业转移态势，如黑龙江的哈尔滨、甘肃的兰州、辽宁的沈阳、内蒙古的呼和浩特等地的产业逐渐向周边城市转出。

(3)产业转移受环境生态政策影响明显。一方面，距东南沿海较远的西北与东北省份明显在努力打造生态旅游型城区，如山东的威海、莱芜，河北的秦皇岛，辽宁的葫芦岛，黑龙江的伊春、七台河、鹤岗等地的产业明显呈现转出趋势；另一方面，如山西等资源禀赋地区，随着资源的不断消耗与环境生态承载能力的进一步约束，产业也呈现明显的转出态势，如太原、运城、临汾、大同、晋城等。

第三节　不同时期的区域产业转移状况分析

一、不同政策阶段的全国总体情况

分别分析政策酝酿期(2005—2007年)、政策出台期(2008—2010年)以及政策实施期(2011—2014年)三个阶段的全国整体产业转移状况。

通过对不同政策阶段的全国产业转移状况计算结果的分析可以发现，2005—2014年，我国地区产业发展及转移趋势明显。产业转出地区数量呈现先下降后上升的趋势。具体来看，从政策酝酿期到政策出台期，产业转出地区的数量下降主要集中在西部地区，这表明这些工业落后的西部地区正不断引入制造业，正在走强化工业的道路；从政策出台期到政策实施期，产业转出地区的数量上升主要集中于东部沿海的长三角、珠三角等地区，这表明这些地区的工业发展程度已非常成熟，已经达到饱和状态，这些地区已经难以承载传统的工业产业模式，因而造成产业不断向外迁移。整体来看，

2005—2014年中部地区一直处于工业产业占比不断增长的时间，一方面表明中部地区产业发展稳步推进，另一方面表明中部地区的承接产业转移趋势也越发明显。

总体看来，2005—2014年产业转移的相关政策对于西部落后地区的产业发展、中部地区的产业承接以及东部发达地区的产业迁出与外溢起到了明显的牵引和促进作用。

二、不同政策阶段重点区域的情况

我们分别考察京津冀、长三角、珠三角三个重点地区在2005—2014年不同阶段的产业转移状况。

（一）京津冀地区

政策酝酿期（2005—2007年）、政策出台期（2008—2010年）以及政策实施期（2011—2014年）三个阶段的京津冀地区产业转移状况，分别如图4-4、图4-5、图4-6所示。

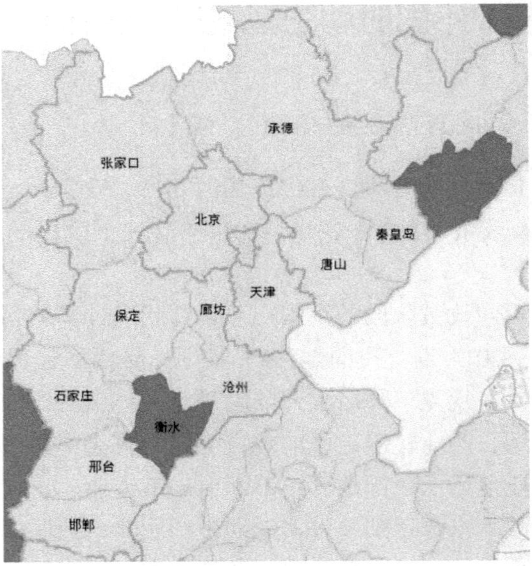

注：▭ 代表承接产业转移的地区，■ 代表产业转出的地区。

图4-4 政策酝酿期（2005—2007年）的京津冀地区产业转移状况

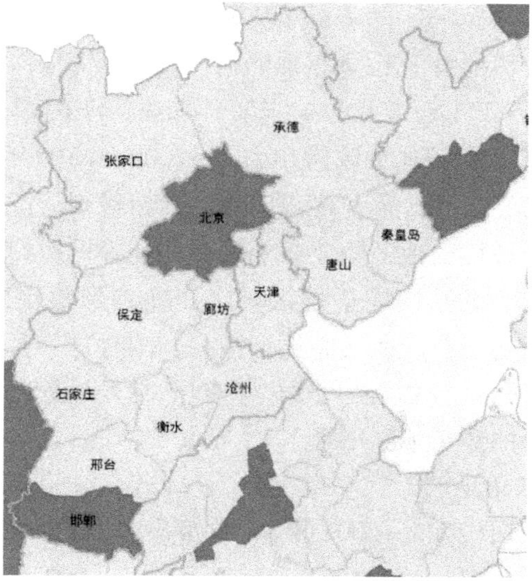

注：　　代表承接产业转移的地区，　　代表产业转出的地区。

图 4-5　政策出台期(2008—2010 年)的京津冀地区产业转移状况

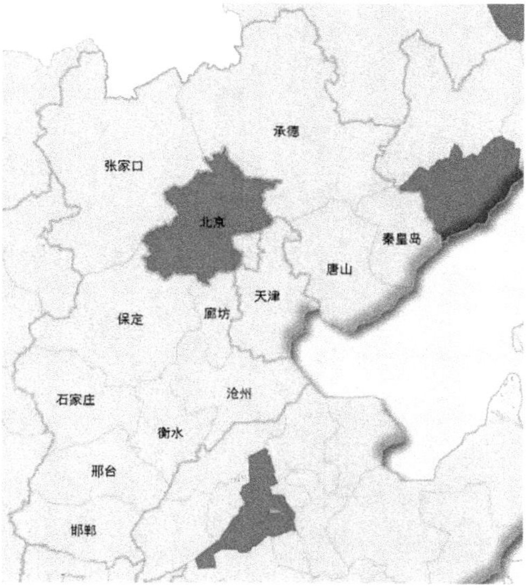

注：　　代表承接产业转移的地区，　　代表产业转出的地区。

图 4-6　政策实施期(2011—2014 年)的京津冀地区产业转移状况

从图 4-4、图 4-5、图 4-6 可以看出，京津冀地区以北京为核心的产业向外转移的发展趋势非常明显。在政策酝酿期(2005—2007 年)，北京仍属于工业产业的扩张期，工业产业的增长速度仍高于全国增长速度；然后到了政策出台期(2008—2010 年)，北京地区的产业发展已经出现转折，逐步向外不断转移制造产业，同时这一时期向外进行转移的地区除北京外还有邯郸等地；到了政策实施期(2011—2014)，北京向周边地区转出产业的形势更加显著，表明这一时期北京的工业产业已经接近饱和，同时这一时期向外进行产业转移的地区数量较 2008—2010 年有所减少，表明北京地区向外迁出工业产业的势头不断增强。

(二)长三角地区

政策酝酿期(2005—2007 年)、政策出台期(2008—2010 年)以及政策实施期(2011—2014 年)三个阶段的长三角地区产业转移状况，分别如图 4-7、图 4-8、图 4-9 所示。

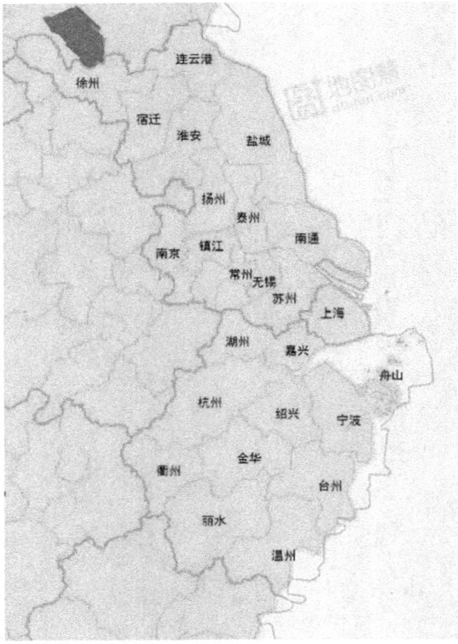

注：▭ 代表承接产业转移的地区，▬ 代表产业转出的地区。

图 4-7　政策酝酿期(2005—2007 年)的长三角地区产业转移状况

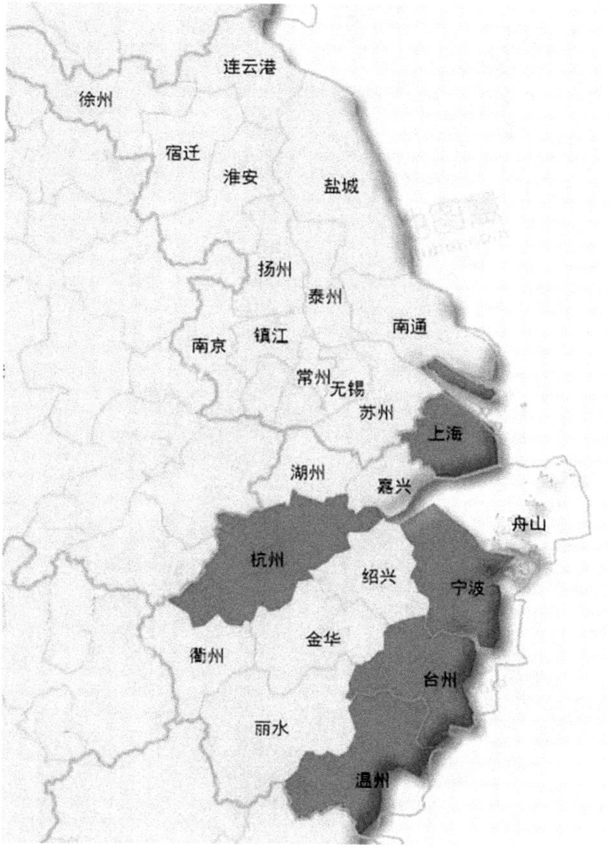

注：代表承接产业转移的地区，代表产业转出的地区。

图 4-8 政策出台期(2008—2010 年)的长三角地区产业转移状况

从图 4-7、图 4-8、图 4-9 可以看出，2005—2014 年长三角地区的产业转移动态趋势非常明显。在政策酝酿期(2005—2007 年)，长三角地区工业仍处于快速发展阶段，其工业的增长速度均高于全国平均水平，图 4-7 显示为产业扩张期；在政策出台期(2008—2010 年)，以上海、杭州、宁波、台州以及温州等为代表的沿海地区，工业发展较为迅猛，已经开始向周边地区转出工业产业；到了政策实施期(2011—2014 年)，在前期的基础之上，苏州、无锡以

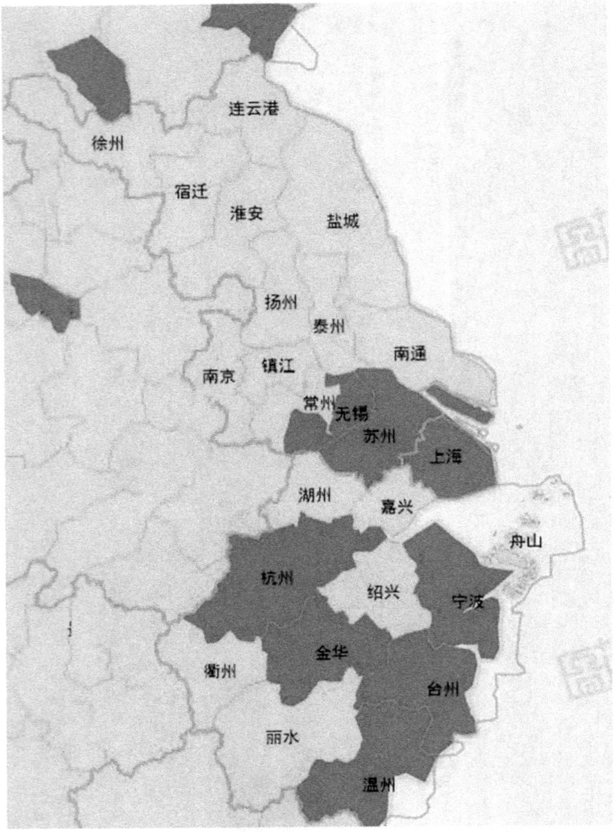

注：▭ 代表承接产业转移的地区，■ 代表产业转出的地区。

图 4-9　政策实施期(2011—2014 年)的长三角地区产业转移状况

及金华等地也出现了向外溢出产业的趋势，表明长三角地区的产业转移由沿海城市正在向内陆城市逐步转移的趋势非常明显。

(三)珠三角地区

政策酝酿期(2005—2007 年)、政策出台期(2008—2010 年)以及政策实施期(2011—2014 年)三个阶段的珠三角地区产业转移状况，分别如图 4-10、图 4-11、图 4-12 所示。

从图 4-10、图 4-11、图 4-12 可以看出，同长三角的产业转移发展趋势类似，2005—2014 年珠三角地区的产业转移动态趋势非常

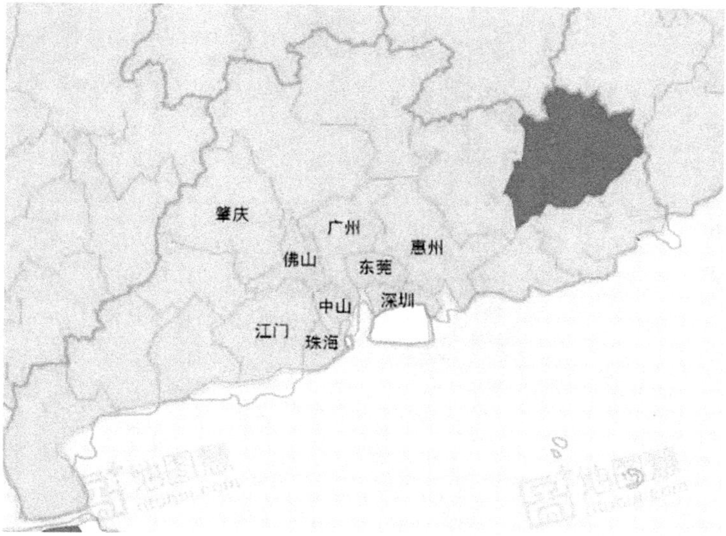

注：　代表承接产业转移的地区，　代表产业转出的地区。

图 4-10　政策酝酿期(2005—2007 年)的珠三角地区产业转移状况

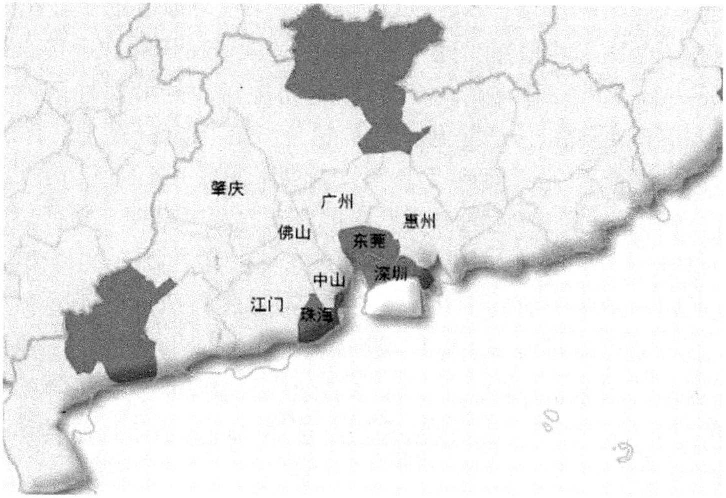

注：　代表承接产业转移的地区，　代表产业转出的地区。

图 4-11　政策出台期(2008—2010 年)的珠三角地区产业转移状况

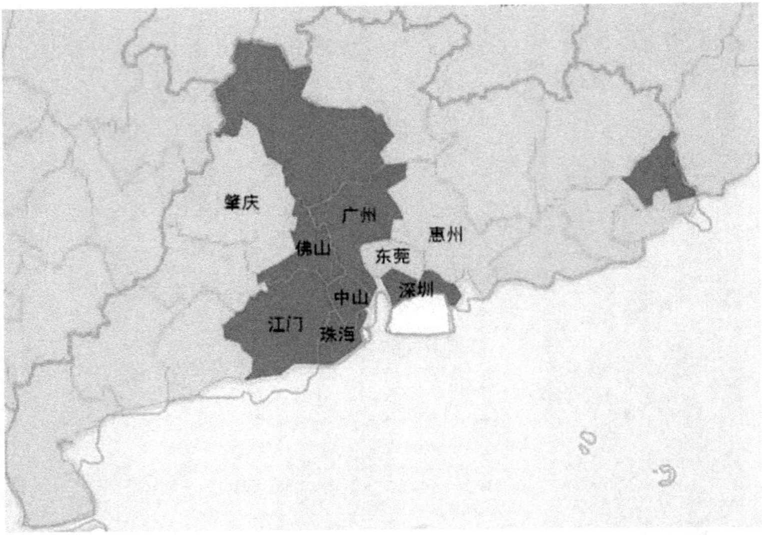

注：▭ 代表承接产业转移的地区，■ 代表产业转出的地区。

图 4-12　政策实施期(2011-2014 年)的珠三角地区产业转移状况

明显。在政策酝酿期(2005—2007 年)，珠三角地区的工业增长速度均高于全国平均增速，处于工业的快速发展阶段；在政策出台期(2008—2010 年)，以深圳、珠海和东莞为代表的沿海地区，工业率先发展接近饱和，已经开始向周边地区转出工业产业，图 4-15 显示向外溢出产业；而到了政策实施期(2011—2014 年)，广州、中山、佛山、江门等地的工业发展也逐渐饱和，出现了向外溢出产业的趋势。一个比较有意思的地区是东莞，在 2008—2010 年处于产业的转出地区，而到了 2011—2014 年却成为承接产业转移的地区。这很有可能是由于东莞离深圳较近，深圳高度饱和的工业发展使得更多的工业企业就近迁入了东莞地区。整体而言，计算结果表明珠三角地区的产业转移由沿海城市正在向内陆城市逐步转移的趋势非常明显。

第五章　效率视角下产业转移与区域经济增长质量

从前文的分析可知，狭义视角下的经济增长质量主要体现为经济增长的效应，具体表现为一个地区的全要素生产率的增长。本章将运用2005—2014年我国主要地级市的面板数据，从内生增长的角度实证探讨产业转移对区域经济增长质量的影响。

第一节　模型构建与变量选择

一、模型设定

在一定的技术条件下，一个经济系统通过专业化和社会分工形成一定的产业结构，不同地区的产业之间的转移与流动，使得产业结构显现动态变化的发展。动态的产业结构在一定意义上决定了区域的经济增长方式，从而影响地区的经济增长质量。本书想通过设定经济计量模型来定量地探讨中国地级市间的产业转移对其经济增长质量的影响。

首先考虑促使经济增长的一般性影响函数：

$$Y = f(A,\ X,\ Z) \tag{5-1}$$

其中，Y 为经济增长质量，A 表示经济增长的技术进步因素，X 表示地区间的产业转移度量，Z 表示地区间影响经济增长质量的因素与变量。对于经济增长的部分，可对(5-1)式的函数进行求全微分：

$$\mathrm{d}Y = \frac{\partial y}{\partial x}\mathrm{d}X + \frac{\partial y}{\partial z}\mathrm{d}z + \frac{\partial y}{\partial A}\mathrm{d}A \tag{5-2}$$

将(5-2)式两端同时除以 Y 得：

$$\frac{dy}{y}=\frac{x\partial y}{y\partial x}dx+\frac{z\partial y}{y\partial z}dz+\frac{A\partial y}{y\partial A}dA \tag{5-3}$$

(5-3)式中 $\frac{x\partial y}{y\partial x}$ 表示产业转移的变动对经济增长质量的弹性，本书记为β 。(5-3)式可以写为：

$$\frac{dy}{y}=\beta_1\frac{dx}{x}+\beta_2\frac{dz}{z}+\beta_0 \tag{5-4}$$

(5-4)式中 $\beta_0=\frac{A\partial y}{y\partial A}dA$ 表示地区经济的技术进步及制度变迁对经济增长质量的贡献。

因此，本书可利用以下计量模型来分析产业转移变动对经济增长质量的贡献：

$$\log Y=\beta_0+\beta_1\log X+\beta_2\log Z+\varepsilon \tag{5-5}$$

二、变量选择

(一)解释变量与被解释变量

被解释变量为地区的经济增长质量。由于是从效率角度来研究各地区的经济增长质量，从前文的分析结论可知，地区经济的全要素生产率可以作为衡量地区经济增长质量的效率性指标，因此，选择各地级市的全要素生产率(TFP)作为经济增长质量的代理变量，在回归中作为被解释变量，记为 tfp_{it} ，即第 t 年第 i 个地级市的全要素生产率增长率。

核心解释为各地区的产业转移度量。基于前文的研究，本书以产业转移熵作为各地区产业转移的度量变量，记为 g_{it} ，即第 t 年第 i 个地级市的产业转移熵值。

(二)控制变量

对于产业转移对地区经济增长质量的影响，考虑以下几个方面的控制变量。

(1)经济波动。过度的经济波动会破坏经济长期稳定增长的内在机制，使供求关系失衡、经济增长的结构失衡，从而造成资源的巨大浪费，影响经济增长的质量。Barro(1995)、Akerlof(2004)等学者通过研究得出，通货膨胀率与经济增长率之间存在长期的负相关性，通货膨胀率的降低和稳定导致了经济增长速度的提高和稳定。因此本书将地区消费者价格指数(CPI)作为衡量地区经济波动性的控制变量。

(2)产业结构。从资源配置状况来看，经济增长中不同构成要素之间存在生产率的差异，如果生产率较低的部门或产业占据了过多的资源，那么整个经济运行的效率就不会太高。随着经济增长结构的变动，资源的配置结构也会相应地发生变化，并对经济增长的效率与质量产生直接影响。因此，本书选择将地区第三产业比重作为衡量地区产业结构变量的控制变量。

(3)利用外资。大量的研究表明，外商投资(FDI)一方面可以直接加快地区经济增长方式的转变，另一方面也会通过效应影响地区的技术水平、组织效率，并进一步作用于地区的经济增长，从而影响地区经济增长质量。因此，本书将各地区的 FDI 作为控制地区利用外资对经济增长质量的影响变量。

(4)公共支出。地方政府也是地区经济增长质量的重要推手，而地方政府影响地区经济发展主关键手段是通过财政、税收等经济性政策来实现。因此，本书将各地区的政府年度公共支出作为控制变量。

(5)金融发展。资本是经济增长的一项重要的投入要素，地区的金融发展则反映了地区进行资本配置的方式与效率，地区金融发展将会影响地区的经济增长质量。本书将选择各地区年末金融机构存款余额作为地区金融发展的控制变量。

三、计量策略

通过上述解释变量与被解释变量的分析，本书采用固定效应模型回归分析的方法，就各地区的差异转移情况对全要素生产率的影响程度进行研究。本书主要运用基础回归、固定效应回归和滞后一期工具变量法形成以下三个回归方程。

$$\mathrm{tfp}_{it} = \beta_0 + \beta_1 g_{it} + \beta_2 z_{it} + \mu_{it} \tag{5-6}$$

$$\mathrm{tfp}_{it} = \beta_0 + \beta_1 g_{it} + \beta_2 z_{it} + D_i + D^t + \mu_{it} \tag{5-7}$$

$$\mathrm{tfp}_{it} = \beta_0 + \beta_1 g_{it-1} + \beta_2 z_{it-1} + D_i + D^{t-1} + \mu_{it-1} \quad (5\text{-}8)$$

其中，$i=1, 2, 3, \cdots, N$，表示第 i 个地区(地级市)；$t=1, 2, 3, \cdots, T$，表示 t 个时间点。tfp_{it} 表示被解释变量对地区已在第 t 年的观测值；g_{it} 是解释变量对地区 i 在 t 年的观测值；β_0、β_1、β_2 是待估计的参数；D_i 和 D_t 分别是在地区 i 和年份 t 的固定效应；μ_{it} 是随机误差项。

第二节　数据来源及描述性统计

一、数据来源

本书选择中国 33 个省(市、自治区)(西藏因统计数据不全未计入在内)的 261 个地级市作为研究样本。由于本书主要针对分析的产业转移时段是 2005—2014 年，因此我们也选择这一时段内的跨期面板数据。经济增长质量选择这一时期各地区全要素生产率的计算结果；产业转移选择各地区每年的产业区位熵值；控制变量中的消费者价格指数、第三产业比重、利用外资、年末地区金融存款额以及地区政府财政公共支出等数据均来自《中国城市统计年鉴》(2006—2015 年)及各地区 2006—2015 年的统计年鉴。

二、变量描述性统计

各变量的描述性统计分析结果如表 5-1 所示。

表 5-1　**基本变量的描述性统计**

变量名	样本量	均值	方差	最小值	最大值
经济增长质量	2579	1.02	0.18	0.20	4.99
产业转移区位熵	2562	2.16	1.79	−6.99	30.85
FDI 对数	2474	11.04	1.08	2.94	14.35
CPI	3123	1.58	0.17	1.20	2.23
财政支出对数	2577	14.41	1.87	10.81	17.62

续表

变量名	样本量	均值	方差	最小值	最大值
第三产业占比	2574	35.88	8.72	8.58	85.34
年末金融存款对数	2579	15.99	1.14	9.68	20.55

第三节　计量结果分析

一、基本 OLS 回归

首先，采用逐步添加变量的方式，对地区产业转移的区位熵与全要素生产率进行基本的 OLS 回归，结果如表 5-2 所示。

从回归结果可以看出，通过逐渐添加控制变量，地区产业转移的区位熵值与全要素生产率呈现负相关关系，并且显著性水平为 5%，影响系数为 0.004 左右，即地区产业转移熵值每提升 1 个百分点，将导致地区经济全要素生产率下降 0.4 个百分点。计量结果表明，2005—2014 年我国整体制造业的产业转移对区域全要素生产率的增长起到了逆向的抑制作用，产业转移熵值越大的地区，全要素生产率提升的速度越慢。这说明制造业产业转移并未能有效地促进地区经济增长质量的提升，产业转移促进地区经济发展更多体现为数量上的增长。

进一步地可以发现，FDI 与地区全要素生产率负相关，表明外商投资也仅是从数量上推动经济的增长，并未能形成有效的技术外溢效应，从而未能提升地区经济增长质量；CPI 的波动会显著地负向影响全要素生产率，表明经济的不稳定是导致近 10 年来经济增长质量不高的一个重要原因。政府公共投入、第三产业比重以及金融发展对地区经济增长质量的影响不显著。

二、固定效应模型回归

以上回归结果可能会受到地区以及地区发展等因素的影响，为了得到更为准确可信的结论，接下来通过双向固定效应模型来进行进一步检验，结果如表 5-3 所示。

表 5-2 **产业转移与地区全要素生产率基本 OLS 回归结果**

变量	(1)	(2)	(3)	(4)	(5)	(6)	(7)
产业转移熵值	−0.00362*	−0.00382**	−0.00407**	−0.00417**	−0.00415**	−0.00416**	−0.00448**
	(0.00202)	(0.00178)	(0.00177)	(0.00178)	(0.00178)	(0.00179)	(0.00180)
FDI		−4.02e-08**	−4.48e-08**	−2.98e-08	−1.41e-08	−1.39e-08	2.64e-09
		(1.98e-08)	(1.98e-08)	(2.76e-08)	(3.64e-08)	(3.64e-08)	(3.80e-08)
CPI			−0.0762***	−0.0772***	−0.0819***	−0.0818***	−0.0934***
			(0.0185)	(0.0185)	(0.0199)	(0.0201)	(0.0215)
公共支出					−1.34e-09	−1.32e-09	−1.28e-09
					(2.01e-09)	(2.01e-09)	(2.01e-09)
第三产业比重						6.97e-05	8.53e-05
						(0.000404)	(0.000416)
金融发展							0.00657
							(0.00434)
常数项	1.032***	1.030***	0.912***	0.912***	0.905***	0.908***	0.987***
	(0.00565)	(0.00510)	(0.0292)	(0.0293)	(0.0312)	(0.0360)	(0.0638)
观测值	2562	2461	2461	2457	2456	2453	2452
R^2	0.100	0.130	0.140	0.21	0.221	0.231	0.252

注：括号内为回归估计系数的标准误；*、**、***分别表示在10%、5%以及1%的置信水平上显著。

表 5-3 **产业转移与地区全要素生产率固定效应模型回归结果**

变量	(1)	(2)	(3)	(4)	(5)	(6)	(7)
产业区位熵	−0.00534**	−0.00575***	−0.00564***	−0.00550***	−0.00551***	−0.00534***	−0.00371*
	(0.00221)	(0.00193)	(0.00193)	(0.00193)	(0.00193)	(0.00194)	(0.00192)
FDI		3.53e-08	−3.00e-08	−5.06e-08	−7.50e-09	−5.95e-09	−2.62e-08
		(4.62e-08)	(4.89e-08)	(5.08e-08)	(7.11e-08)	(7.12e-08)	(7.02e-08)
CPI			−0.0921***	−0.0879***	−0.0995***	−0.105***	−0.690***
			(0.0229)	(0.0231)	(0.0268)	(0.0274)	(0.0778)
公共支出					2.90e-09	3.36e-09	1.55e-10
					(3.34e-09)	(3.39e-09)	(3.36e-09)
第三产业比重						0.000909	0.00216*
						(0.00113)	(0.00112)
金融发展							−0.182***
							(0.0228)
时间效应	控制	控制	控制	控制	控制	控制	控制
地区效应	控制	控制	控制	控制	控制	控制	控制
常数项	1.035***	1.030***	0.889***	0.889***	0.873***	0.833***	2.789***
	(0.00597)	(0.00587)	(0.0354)	(0.0354)	(0.0399)	(0.0628)	(0.252)
观测值	2562	2461	2461	2457	2456	2453	2452
R^2	0.345	0.356	0.412	0.453	0.478	0.514	0.515

注：括号内为回归估计系数的标准误；*、**、***分别表示在 10%、5%以及 1%的置信水平上显著。

进一步的双向固定效应模型回归的基本结论与 OLS 回归的结论基本一致。通过对时间与地区维度的固定效应分析，可以发现地区产业转移的区位熵值与全要素生产率依然呈现负相关关系。在不控制地区金融发展因素时，系数为 0.005 左右，并在 1%的水平上显著；控制地区金融发展因素后，系数依然显著，但是显著性水平为 10%，且系数也下降到 0.0037，同时金融发展的系数为负且在 1%的置信水平上显著，这说明产业转移对地区经济增长质量确实起到了负向的影响作用，而这种负向的作用与地区的金融发展程度相关，金融发展程度越高的地区，产业转移对经济增长质量的影响通过金融发展起到的负向作用越显著，即地区金融发展强化了产业转移对经济增长质量的逆向作用。这也表明我国产业转移可能使制造业面临更多脱实向虚的风险。

三、分组固定效应模型回归

地区的产业转移可以分为地区产业转出以及地区产业转入(即承接)两种类别，为了进一步分析产业转移不同类型对地区经济增长质量的影响，本书将按不同产业转移类型地进行 OLS 和双向固定效应模型的回归分析。

(一)产业承接地区

首先，本书考察产业承接与承接地区的经济增长质量之间的关系。同样先进行基本的 OLS 回归，结果如表 5-4 所示。

从表 5-4 的结果中可以发现，产业承接地区的全要素生产率与产业转移值之间是负向的显著关系，显著性水平为 1%，系数为 0.58%左右。也就是说，就产业承接地区而言，承接产业的转移不但没有提高经济发展的质量，反而降低了当地的发展质量。这表明产业承接地区所承接的产业更多的是一些落后且面临淘汰的产业，这些产业的进入没有形成技术的外溢，也没有发挥产业的集群带动作用，给地区经济带来的更多的是数量上的增长，而不是质量上的提升。

进一步地，本书对产业承接地区进行双向固定效应模型回归，结果如表 5-5 所示。

表 5-4 **产业承接组与全要素生产率基本 OLS 回归结果**

变量	(1)	(2)	(3)	(4)	(5)	(6)	(7)
产业转移熵值	−0.00594***	−0.00550***	−0.00571***	−0.00570***	−0.00566***	−0.00567***	−0.00581***
	(0.00204)	(0.00168)	(0.00168)	(0.00168)	(0.00168)	(0.00168)	(0.00169)
FDI		−2.05e-08	−2.43e-08	−2.50e-08	9.73e-10	1.52e-09	7.17e-09
		(2.09e-08)	(2.09e-08)	(2.62e-08)	(3.70e-08)	(3.71e-08)	(3.76e-08)
CPI			−0.0623***	−0.0631***	−0.0717***	−0.0714***	−0.0772***
			(0.0171)	(0.0171)	(0.0192)	(0.0194)	(0.0203)
公共支出					−2.69e-09	−2.68e-09	−2.12e-09
					(2.71e-09)	(2.71e-09)	(2.77e-09)
第三产业比重						−0.000111	−2.30e-05
						(0.000399)	(0.000409)
金融发展							−0.00407
							(0.00423)
常数项	1.037***	1.032***	0.935***	0.934***	0.922***	0.926***	0.977***
	(0.00590)	(0.00490)	(0.0271)	(0.0272)	(0.0298)	(0.0345)	(0.0634)
观测值	2293	2201	2201	2199	2198	2195	2194
R^2	0.104	0.105	0.111	0.121	0.125	0.125	0.127

注：括号内为回归估计系数的标准误；*、**、***分别表示在 10%、5%以及 1%的置信水平上显著。

表 5-5　**产业承接与地区全要素生产率固定效应模型(固定年份和地区)**

变量	(1)	(2)	(3)	(4)	(5)	(6)	(7)
产业区位熵	-0.00677***	-0.00691***	-0.00698***	-0.00684***	-0.00681***	-0.00665***	-0.00491***
	(0.00226)	(0.00188)	(0.00187)	(0.00186)	(0.00186)	(0.00187)	(0.00184)
FDI		2.51e-08	-4.76e-08	-6.42e-08	4.47e-08	4.69e-08	3.68e-10
		(4.62e-08)	(4.85e-08)	(4.94e-08)	(7.14e-08)	(7.14e-08)	(7.03e-08)
CPI			0.102***	0.0972***	0.133***	0.140***	0.746***
			(0.0219)	(0.0221)	(0.0278)	(0.0285)	(0.0753)
公共支出					-8.86e-09**	-9.46e-09**	-3.21e-09
					(4.20e-09)	(4.23e-09)	(4.22e-09)
第三产业比重						0.00114	0.00258**
						(0.00110)	(0.00109)
金融发展							-0.190***
							(0.0220)
时间效应	控制	控制	控制	控制	控制	控制	控制
地区效应	控制	控制	控制	控制	控制	控制	控制
常数项	1.039***	1.033***	0.877***	0.878***	0.829***	0.778***	2.802***
	(0.00634)	(0.00569)	(0.0340)	(0.0340)	(0.0410)	(0.0632)	(0.242)
观测值	2293	2201	2201	2199	2198	2195	2194
R^2	0.341	0.346	0.407	0.433	0.458	0.505	0.512

注：括号内为回归估计系数的标准误；*、**、***分别表示在10%、5%以及1%的置信水平上显著。

通过固定回归结果可以发现，在固定了地区和年份之后产业承接地区的全要素生产率与产业转移值之间仍然存在显著的负向关系，且在1%的置信水平上显著。同样地，在控制金融发展因素之前，产业转移对经济增长质量影响的系数在0.68%左右，而控制金融发展因素之后，这一影响系数降为0.49%左右。这说明金融发展在影响承接产业转移与地区经济增长之间发挥了加强性的作用。

同时，相比整体样本地区而言，承接产业转移地区的回归系数更小，说明产业承接对地区经济增长质量的负向影响更大，并且制造业脱实向虚的风险在承接产业转移的地区更为显著。

（二）产业转出地区

同样地，分别对产业转出地区进行基本OLS和固定效应模型回归分析，结果分别如表5-6、表5-7所示。

从OLS回归结果中可以发现，对于产业转出地区，产业转移对其经济增长质量的影响并不显著；控制地区和时间效应后的固定效应模型结果则显示，这些地区的产业转移会正向地促进其经济增长质量，作用的大小为0.5%左右，结果在10%的置信水平显著。

可以发现，产业转移对于转出地区与承接地区的经济增长质量的影响作用是相反的。对于转出地区存在正向的影响，即产业的转出有助于地区经济增长质量的提升；而对于承接地区却存在着负向的影响，即产业承接会抑制地区经济增长质量的提升。这一相反的结论可能更加印证了产业转出地区所转出的产业更多为落后且濒临淘汰的产业，而产业承接地区承接了这些落后的产业后，虽然在数量上提升了地区的经济增长，但是这些产业并未能形成技术扩散的外溢效应，也未能有效地形成具有竞争力的产业集群。整体而言，产业的引进是对现有地区资源的粗放式和掠夺式利用，因而对地区的经济增长质量起到逆向的抑制作用；而对于产业转出地区，它们则通过产业转移将这些落后的产业予以淘汰，减少了对本地区资源环境的掠夺式生产，逐步转向集约式的增长方式，从而促进了地区的经济增长质量。同时，从两组的回归结果来看，地区的金融发展

表 5-6　**产业转出与全要素生产率基本 OLS 回归结果**

变量	(1)	(2)	(3)	(4)	(5)	(6)	(7)
产业转移熵值	0.00768**	0.00222	0.00354*	0.00415	0.00382	0.00396	0.00336
	(0.00508)	(0.00511)	(0.00519)	(0.00519)	(0.00520)	(0.00525)	(0.00526)
FDI		-7.11e-08**	-7.77e-08**	-1.86e-08	-9.61e-08	-9.62e-08	-2.46e-08
		(3.00e-08)	(3.03e-08)	(5.82e-08)	(9.60e-08)	(9.61e-08)	(1.08e-07)
CPI			0.0687	0.0763	0.0534	0.0542	0.0865
			(0.0492)	(0.0498)	(0.0547)	(0.0549)	(0.0593)
公共支出					3.65e-09	3.65e-09	1.83e-09
					(3.59e-09)	(3.59e-09)	(3.81e-09)
第三产业比重						0.000170	0.000668
						(0.000765)	(0.000839)
金融发展							-0.0151
							(0.0106)
常数项	1.008***	1.023***	0.917***	0.912***	0.951***	0.943***	1.118***
	(0.00913)	(0.0101)	(0.0767)	(0.0776)	(0.0862)	(0.0923)	(0.153)
观测值	261	254	254	252	252	252	252
R^2	0.309	0.323	0.331	0.344	0.348	0.348	0.356

注：括号内为回归估计系数的标准误；*、**、***分别表示在 10%、5%以及 1%的置信水平上显著。

表 5-7 产业转出与地区全要素生产率固定效应模型(固定年份和地区)

变量	(1)	(2)	(3)	(4)	(5)	(6)	(7)
产业区位熵	0.00696**	0.00263	0.00361	0.00366	0.00345	0.00554*	0.00534*
	(0.00531)	(0.00540)	(0.00558)	(0.00562)	(0.00563)	(0.00576)	(0.00572)
FDI		1.11e-07	7.95e-08	7.02e-08	-9.97e-08	-8.61e-08	-1.27e-07
		(9.98e-08)	(1.10e-07)	(1.35e-07)	(2.50e-07)	(2.49e-07)	(2.48e-07)
CPI			0.0482	0.0548	0.0359	0.0367	0.414**
			(0.0686)	(0.0816)	(0.0850)	(0.0847)	(0.207)
公共支出					4.91e-09	3.21e-09	4.79e-09
					(6.08e-09)	(6.15e-09)	(6.16e-09)
第三产业比重						0.00520	0.00605*
						(0.00324)	(0.00325)
金融发展							-0.135**
							(0.0679)
时间效应	控制	控制	控制	控制	控制	控制	控制
地区效应	控制	控制	控制	控制	控制	控制	控制
常数项	1.009***	0.997***	0.926***	0.920***	0.950***	0.775***	2.419***
	(0.00941)	(0.0176)	(0.102)	(0.104)	(0.111)	(0.155)	(0.838)
观测值	261	254	254	252	252	252	252
R^2	0.541	0.546	0.607	0.753	0.758	0.805	0.812

注：括号内为回归估计系数的标准误；*、**、***分别表示在10%、5%以及1%的置信水平上显著。

均对产业转移地区与承接地区的经济增长质量起到负向的抑制作用，表明不论是产业转出地区还是产业承接地区，其实体的制造业均存在着不同程度的“脱实向虚”的风险。

第四节　稳健性检验及分析结论

一、稳健性检验分析

为了进一步验证以上计量分析的结果，本部分考虑运用滞后一期工具变量(IV)固定效应模型分别进行稳健性检验。

(一)全样本地区的稳健性检验

通过将后一期的被解释变量——地区经济全要素生产率增长率，与当期的解释变量——产业区位熵值及相应控制变量进行地区与时间的双向固定效应模型加时，得到的计量分析结果如表 5-8 所示。

通过滞后一期的 IV 固定效应模型分析可以发现，地区全要素生产率与上一年产业转移的区位熵值呈现负相关关系，显著性水平为 1%，系数为 0. 12%左右。这说明产业转移确实对地区的全要素生产率起到了逆向抑制作用，产业转移熵的增加并未使区域全要素生产率的增长速度提高。进一步地，通过回归系数与前一阶段的系数相比较来看，滞后一期的系数明显大于当期的回归系数，表明产业转移对地区经济增长质量影响存在滞后效应，且滞后 1 年的效应要大于当期的作用效应。

(二)产业承接地区的稳健性分析

同样地，运用滞后一期的 IV 固定效应模型对产业承接地区的产业区位熵与经济增长全要素增长率增加值进行回归分析，结果如表 5-9 所示。

从表 5-9 的计量结果中可以发现，产业承接地区全要素生产率与上一年产业转移的区位熵值呈现负相关关系，显著性水平为 1%，系数为 0. 13%左右，这说明产业转移对全要素生产率的增速的抑制作用比较稳健。同时，通过比对当期与滞后一期的回归系数可以发现，滞后一期的回归系数明显大于当期的系数，这也说明产

表 5-8 **产业转移与地区全要素生产率滞后一期的固定效应模型(IV)**

变量	(1)	(2)	(3)	(4)	(5)	(6)	(7)
产业区位熵	-0.0110***	-0.0132***	-0.0131***	-0.0132***	-0.0132***	-0.0132***	-0.0121***
	(0.00213)	(0.00229)	(0.00229)	(0.00229)	(0.00229)	(0.00231)	(0.00231)
FDI		-8.81e-09	-3.83e-08	-2.73e-08	-7.90e-08	-7.98e-08	-9.61e-08
		(6.21e-08)	(6.55e-08)	(6.65e-08)	(9.21e-08)	(9.22e-08)	(9.18e-08)
CPI			0.0424	0.0456	0.0317	0.0316	0.430***
			(0.0301)	(0.0304)	(0.0345)	(0.0358)	(0.0950)
公共支出					3.45e-09	3.53e-09	6.11e-09
					(4.24e-09)	(4.29e-09)	(4.31e-09)
第三产业比重						-2.13e-05	0.00102
						(0.00141)	(0.00142)
金融发展							-0.122***
							(0.0270)
时间效应	控制	控制	控制	控制	控制	控制	控制
地区效应	控制	控制	控制	控制	控制	控制	控制
常数项	1.048***	1.052***	0.988***	0.988***	1.007***	1.008***	2.298***
	(0.00571)	(0.00703)	(0.0458)	(0.0459)	(0.0510)	(0.0818)	(0.297)
观测值	2274	2184	2184	2182	2181	2178	2178
R^2	0.541	0.546	0.607	0.753	0.758	0.805	0.812

注：括号内为回归估计系数的标准误；*、**、***分别表示在 10%、5%以及 1%的置信水平上显著。

表 5-9 **产业承接与地区全要素生产率滞后一期的固定效应模型(IV)**

变量	(1)	(2)	(3)	(4)	(5)	(6)	(7)
产业区位熵	-0.0121***	-0.0145***	-0.0145***	-0.0145***	-0.0145***	-0.0146***	-0.0133***
	(0.00225)	(0.00243)	(0.00243)	(0.00244)	(0.00244)	(0.00244)	(0.00244)
FDI		-1.75e-08	-5.46e-08	-4.21e-08	-7.20e-08	-7.37e-08	-1.06e-07
		(6.85e-08)	(7.20e-08)	(7.31e-08)	(1.01e-07)	(1.02e-07)	(1.01e-07)
CPI			0.0536*	0.0575*	0.0472	0.0433	0.483***
			(0.0321)	(0.0323)	(0.0395)	(0.0409)	(0.102)
公共支出					2.51e-09	2.86e-09	7.91e-09
					(5.84e-09)	(5.88e-09)	(5.94e-09)
第三产业比重						-0.000547	0.000691
						(0.00153)	(0.00154)
金融发展							-0.136***
							(0.0291)
时间效应	控制	控制	控制	控制	控制	控制	控制
地区效应	控制	控制	控制	控制	控制	控制	控制
常数项	1.053***	1.058***	0.977***	0.975***	0.989***	1.014***	2.444***
	(0.00630)	(0.00745)	(0.0491)	(0.0491)	(0.0578)	(0.0907)	(0.319)
观测值	2037	1955	1955	1954	1953	1950	1950
R^2	0.541	0.546	0.607	0.753	0.758	0.805	0.812

注：括号内为回归估计系数的标准误；*、**、***分别表示在 10%、5%以及 1%的置信水平上显著。

业承接地区承接产业转移后，其对经济增长质量的影响存在滞后效应，具滞后一期的负向效应明显大于当期的作用效应。

(三)产业转出地区的稳健性分析

同上，运用滞后一期的Ⅳ固定效应模型对产业转出地区的产业区位熵与经济增长全要素增长率增加值进行回归分析，结果如表5-10所示。

从表5-10的分析可以看出，滞后一期的Ⅳ固定效应模型回归结果仍显示产业区位熵与地区全要素生产率增长率呈显著的正相关关系，表明对于产业转出地区，产业的向外转移确实能够显著地提升本地区的经济增长质量。产业转出地区对经济增长质量的影响作用同样也存在着滞后效应，通过与当期的回归系数进行比较，可以发现两者系数大小非常接近，表明当期的作用效果与滞后一期的作用效果相当。但滞后一期的金融发展却对产业转出地区的经济增长质量影响并不显著，而产业结构即第三产业比重却能显著地提升后一期的经济增长质量。

二、分析结论

通过对地区产业转移的产业区位熵与地区经济增长质量的全要素生产率进行回归分析，本章主要得到以下结论：

(1)产业转移与地区经济增长质量总体之间呈现一种显著的负相关关系，即对于一个地区产业转移提升一个单位的产业区位熵，将会导致地区全要素生产率0.58%的下降。

(2)对于产业承接的地区，产业转移将对地区经济增长质量产生逆向的抑制作用，一个产业承接地区通过产业承接每提升一个单位的区位熵，将会导致地区全要素生产率0.62%的下降。

(3)对于产业转出的地区，产业区位熵与地区全要素增长率呈显著正向关系，地区的产业转出将有利于地区经济增长质量的提升，地区产业熵每降低1个单位，将能促进地区经济全要素生产率提升0.53%；

(4)产业转移对经济增长质量的影响存在着滞后效应。其中，对于产业承接组而言，滞后一期的负向作用大于当期的负向作用；

表 5-10　**产业转出与地区全要素生产率滞后一期的固定效应模型(IV)**

变量	(1)	(2)	(3)	(4)	(5)	(6)	(7)
产业区位熵	0.00229	0.00134	0.000844	0.00149	0.00164	0.00538*	0.00536*
	(0.00632)	(0.00651)	(0.00664)	(0.00668)	(0.00666)	(0.00689)	(0.00692)
FDI		8.08e-08	1.04e-07	7.26e-08	-2.64e-07	-2.36e-07	-2.39e-07
		(1.29e-07)	(1.42e-07)	(1.46e-07)	(2.80e-07)	(2.78e-07)	(2.82e-07)
CPI			-0.0335	-0.0881	-0.128	-0.110	-0.0980
			(0.0833)	(0.0949)	(0.0989)	(0.0986)	(0.240)
公共支出					1.03e-08	7.26e-09	7.33e-09
					(7.30e-09)	(7.41e-09)	(7.56e-09)
第三产业比重						0.00730*	0.00733*
						(0.00375)	(0.00379)
金融发展							-0.00434
							(0.0761)
时间效应	控制	控制	控制	控制	控制	控制	控制
地区效应	控制	控制	控制	控制	控制	控制	控制
常数项	1.015***	1.004***	1.052***	1.048***	1.108***	0.837***	0.889
	(0.0110)	(0.0216)	(0.122)	(0.124)	(0.131)	(0.190)	(0.931)
观测值	232	225	225	224	224	224	224
R^2	0.541	0.546	0.607	0.753	0.758	0.805	0.812

注：括号内为回归估计系数的标准误；*、**、***分别表示在 10%、5%以及 1%的置信水平上显著。

对于产业转出组而言，滞后一期的正向作用与当期的正向作用相当。总体而言，滞后一期的负向作用大于当期的负向作用。

(5)地区的金融发展均对产业转移地区与承接地区的经济增长质量起到负向的抑制作用。

根据这些计量结论，可以知道产业转出城市主要分布在长三角、珠三角以及京津冀等发展比较成熟的沿海城市，这些地区经过多年的发展，产业本身很成熟，尤其是制造业。在发展的初期，地区通过产业集聚来获得规模的经济效益，也就是数量型的经济增长，但随着劳动力成本的上升和环保政策的压力等原因，这些地区面临着产业更新升级的需求，要想获得更进一步的发展，必须引进更加先进、高技术的产业，因此会选择将落后的、低价值的产业向周边地区甚至是更远的地区转移。一方面承接先进的、高端产业，另一方面转移低端的、附加值低的、高耗能的产业，通过这样的吐故纳新，沿海地区逐步开始进行产业转型升级，从而使经济增长从原始的数量型增长转变为质量型的增长。地区的金融发展均对产业转移地区与承接地区的经济增长质量起到负向的抑制作用，表明不论是产业转出地区还是产业承接地区，其实体的制造业均存在着不同程度的“脱实向虚”的风险。

针对以上结论，本部分初步提出以下政策建议：

(1)政府在制定产业转移战略时，要重视通过企业的投资来实现经济质量、全要素生产率的增长，这就要求不能一味地强调规模，而是应该更多地转移到促进技术进步和提升上来，真正使产业转移走向从“量”向“质”的转变；

(2)地区在进行产业承接时，要充分考虑这种产业的转移对该地区的影响，不能片面地承接其他地区或外资的经济投入，而忽视了对现有资源合理利用的影响和环境破坏，否则从长远来看不利于承接地区全要素生产率的提升；

(3)提高内资经济的自主创新能力，中西部地区很难再靠沿海地区的产业转移来获得跨越式发展，必须进一步加大自身的创新能力，实现从资源驱动向创新驱动的战略性转变。

第六章　综合视角下的产业转移与区域经济增长质量

经济增长质量的具体内涵反映了对经济增长的价值判断。广义的经济增长质量应当是一个综合性的价值判断组合，正如前文所分析的一样，经济增长质量的内涵包括多个方面的内容。本章将从广义的经济增长质量视角，分析2005—2014年我国各地级市产业转移对经济增长质量的影响。

第一节　模型构建与变量选择

一、模型构建

模型的理论推导与第五章的模型设定的逻辑一致，本章不再赘述。同样地，本章将采用最小二乘法回归(OLS)模型、双向固定效应回归模型以及滞后一期的工具变量回归来进行分析，具体模型构建如下：

$$Y_{it} = a_0 + a_1 p_{it} + a_2 z_{it} + u_{it} \quad (6\text{-}1)$$

$$Y_{it} = a_0 + a_1 p_{it} + a_2 z_{it} + u_{it} + D_i + D_t \quad (6\text{-}2)$$

$$Y_{it} = a_0 + a_1 p_{it-1} + a_2 z_{it-1} + u_{it-1} D_{i-1} + D_{t-1} \quad (6\text{-}3)$$

其中，$i=1, 2, 3, \cdots, N$ 是表示第 i 个地区；$t=1, 2, 3, \cdots, T$ 是表示第 t 个时间点；Y_{it} 表示被解释变量对地区 i 在 t 年的观测值；p_{it} 是解释变量对地区 i 在 t 年的观测值；a_1 是待估计的参数；D_i 和 D_t 分别是在地区和年份的固定效应随机误差项。(6-1)式、(6-2)式、(6-3)式分别表示基本OLS回归、双向固定效应模型回归以及滞后一期的工具变量回归模型。

二、变量选择

(一)解释变量

解释变量为各地级市的产业转移变量。依据前文的研究，地区产业转移仍以产业转移区位熵来进行度量，记为 p_{it}，即第 t 年第 i 个地级市的产业转移熵值。进一步地，本章还将按照产业区位熵与全国平均水平的比较，将各地区划分为产业转入(即产业承接)地区与产业转出地区，即计算 2005—2014 年各地级市以及全国工业总产值的整体增长率，将地方工业总产值整体增长率大于全国水平的地区划分为产业承接地区 G1；将地方工业总产值整体增长率小于全国水平的地区划分为产业转出地区 G2。并通过分组的回归分析不同类别的产业转移对地区经济增长质量的影响作用。

(二)被解释变量

被解释变量为各地级市的经济增长质量变量。与狭义的效率视角不同，广义的经济增长质量内涵包括了多个维度的内容。通过文献梳理，可以发现尽管对于经济增长质量的内涵和测量方法有不同的定义，但是本质上对于经济增长质量的综合测量离不开四个方面：经济增长结构、经济增长稳定性、福利变化及成果分配、生态环境代价。在本书中，主要选取各地区第三产业比重和第二产业就业人员比重来衡量经济增长结构；选取各地区 GDP 波动率和物价指数 CPI 来衡量经济增长稳定性；选取各地区职工平均工资和人均城市道路面积来衡量福利变化及成果分配；选取各地区工业污水排放量和工业烟尘排放量来衡量生态环境代价，指标选择如表 6-1 所示。选定 4 大模块 8 个指标之后，本书采取主成分分析法，根据 8 个指标计算出每个地区的得分，作为该地区的经济增长质量的代理变量，对于数据方面的处理如表 6-1 所示。

表 6-1 **经济增长质量的度量指标**

维度	分项指标	指标取向	处理
经济增长结构 Y1	第三产业比重	正	—
	第二产就业人员比重	正	—

续表

维度	分项指标	指标取向	处理
经济增长稳定性 Y2	GDP 波动率	负	取倒数
	CPI	负	取倒数
福利变化及成果分配 Y3	职工平均工资	正	取对数
	人均城市道路面积	正	取对数
生态环境代价 Y4	工业烟尘排放量	负	与最大值比后取倒数
	环境污染治理总投资	正	取对数

(三)控制变量

本章并不考虑控制过多的变量。因为广义下的经济增长质量涉及面比较广，原来作为控制变量的如经济波动、产业结构等也均是广义经济增长质量的内容，因而无法作为控制变量放入方程右边。但是本章仍然考虑以下三个方面的控制变量：外商投资、公共支出以及地区金融发展，因为广义下的经济增长质量内涵并不包括这三个方面的内容。

(1)利用外资。大量的研究表明，外商投资(FDI)一方面可以直接加快地区经济增长方式转变，另一方面也会通过效应影响地区的技术水平、组织效率，并进一步作用于地区的经济增长，从而影响地区经济增长质量。因此，本书将各地区的 FDI 作为控制地区利用外资对经济增长质量的影响变量。

(2)公共支出。地方政府也是地区经济增长质量的重要推手，而地方政府影响地区经济发展的关键手段是通过财政、收税等经济性政策来实现。因此，本书将各地区的政府年度公共支出作为控制变量。

(3)金融发展。资本是经济增长的一项重要的投入要素，地区的金融发展则反映了地区进行资本配置的方式与效率，地区金融发展将会影响地区的经济增长质量。因此，本书将选择各地区年末金融机构存款余额作为地区金融发展的控制变量。

第二节　数据来源及描述性统计

一、数据来源

本书选择中国30个省(市、自治区)为研究样本，选取261个地市区2006—2015年的跨期面板数据来测算产业发展和产业转移情况。本书选择地区工业总产值的年均增长率作为地区工业产业发展的指标，这是本书的投入变量，通过与全国整体的工业年平均增长率的比较，将地区分为产业承接区和产业移出区；选择第三产业占总产值比重、第二产业从业人员占劳动力比重、GDP指数、CPI指数、职工平均工资、人均道路面积、工业烟尘排放量和工业废水排放量等指标来作为经济增长质量的衡量维度，采用主成分分析法将8个变量合称为一个分值，作为产出变量。这些社会经济发展指标数据，如无特别说明，均分别来源于2006—2015年的《中国统计年鉴》及各地市2006—2015年的统计年鉴。

二、基本变量统计

对各变量的描述性统计如表6-2所示，所有数据处理均在STATA软件中完成。

表6-2　**基本变量的描述性统计结果**

变量名	样本	均值	标准差	最小值	最大值
年份	3470	2009.5	2.872695	2005	2014
地区工业总产值	2864	2.26e+07	3.58e+07	31432	3.24e+08
地区工业产值年平均增长率	2851	0.2432244	0.2656578	-0.6693	9.753
全国工业总产值	3470	1.58e+09	5.28e+08	7.80e+08	2.34e+09
第三产业占比	2863	36.15719	8.787073	8.58	85.34

续表

变量名	样本	均值	标准差	最小值	最大值
第二产业从业人员占比	2868	43. 89819	14. 22939	29. 4	84. 4
GDP 指数	2856	0. 2997199	9. 816252	−29. 7145	487. 4722
CPI 指数	3470	1. 607689	0. 1852625	1. 19955	2. 29209
职工平均工资	2846	31032. 93	14545. 98	6409. 73	320626
人均道路面积	2854	10. 61662	11. 45024	0. 02	442. 95
工业烟尘排放量	2791	33433. 12	136687. 5	34	5200000
利用外资	2745	66707. 97	160160. 6	19	1900000
消费价格指数	3470	1. 607689	0. 1852625	1. 19955	2. 29209
建成区面积	2857	111. 4094	160. 8646	6	3371
公共财政支出	2866	1987494	3384635	49324	4920000
年末金融机构存款余额	2869	2. 21e+07	5. 57e+07	16034	9. 05e+08
工业废水排放量	2846	45. 15379	181. 98	1	5368. 235

第三节　总体经济增长质量的计量结果分析

一、整体地区的计量结果分析

这一部分主要分析产业转移对广义经济增长质量的综合影响，即将通过主成分分析计算后的经济增长质量变量作为回归的被解释变量进行分析，分析过程包括基本 OLS 模型回归、双向固定效应模型回归。

（一）基本 OLS 回归

首先，从整体上对产业转移与地区经济增长质量做基本的 OLS 回归，结果如表 6-3 所示。

表 6-3 **产业转移与地区经济增长质量基本 OLS 回归结果**

变量名称	(1)	(2)	(3)	(4)	(5)	(6)
产业转移	-0.0649***	-0.0483***	-0.0390***	-0.0347***	-0.0325***	-0.0210***
	(0.0109)	(0.0110)	(0.00765)	(0.00755)	(0.00751)	(0.00667)
利用外资		1.97e-06***	1.71e-06***	1.09e-06***	1.51e-06***	7.62e-07***
		(1.16e-07)	(8.11e-08)	(1.27e-07)	(1.50e-07)	(1.36e-07)
公共支出					-4.91e-08***	-3.07e-08***
					(9.22e-09)	(8.20e-09)
金融发展						-0.444***
						(0.0192)
Constant	0.132***	-0.0552*	-5.991***	-6.096***	-6.393***	-12.05***
	(0.0310)	(0.0318)	(0.133)	(0.131)	(0.142)	(0.275)
Observations	2012	1941	1941	1937	1936	1936
R^2	0.017	0.143	0.584	0.596	0.602	0.688

注：括号内为回归估计系数的标准误；*、**、***分别表示在 10%、5%以及 1%的置信水平上显著。

从表 6-3 的计量结果中可以发现，从模型 1 到模型 6，在逐步带入控制变量之后，产业转移与整体地区经济增长质量之间呈现一种负向的影响关系，且均在 1%的置信水平上显著。这说明，从区域整体成效的角度来说，产业转移并没有对经济增长质量起到显著的促进作用，反而是降低了整体的经济增长质量的提升。进一步地，也可以发现，外商投资对地区经济增长质量存在显著的正向影响，地区公共财政支出与金融发展与经济增长质量存在显著的负向影响。

(二) 固定效应模型回归

基本的 OLS 模型回归结果中，可能存在未能考虑到的地区因素及时间因素对回归结果的影响，因此本部分进一步考虑通过双向固定效应模型来进行分析。

通过在原回归模型中同时添加时间与地区的固定效应参数进行回归，结果如表 6-4 所示。

表 6-4 **产业转移与地区经济增长质量固定效应模型（固定年份和地区）**

变量名称	(1)	(2)	(3)	(4)	(5)	(6)
产业转移	-0.0276***	-0.0263**	-0.0125***	-0.0122***	-0.0120***	-0.00875**
	(0.0105)	(0.0104)	(0.00387)	(0.00384)	(0.00383)	(0.00377)
利用外资		3.49e-06***	4.27e-07***	1.46e-07	-1.93e-08	1.94e-09
		(2.21e-07)	(8.69e-08)	(1.03e-07)	(1.32e-07)	(1.29e-07)
公共支出					1.32e-08**	8.92e-09
					(6.60e-09)	(6.49e-09)
金融发展						-0.433***
						(0.0515)
地区效应	控制	控制	控制	控制	控制	控制
时间效应	控制	控制	控制	控制	控制	控制
Constant	0.0571**	-0.212***	-7.703***	-7.672***	-7.596***	-12.43***
	(0.0278)	(0.0319)	(0.0741)	(0.0736)	(0.0829)	(0.580)
Observations	2012	1941	1941	1937	1936	1936
R^2	0.004	0.134	0.882	0.884	0.885	0.889

注：括号内为回归估计系数的标准误；*、**、***分别表示在 10%、5%以及 1%的置信水平上显著。

固定效应模型的分析结果显示，地区间的产业转移对经济增长质量的确存在显著的负向影响作用，从回归的系数中可以发现，地区间产业转移使其区位熵每提升 1 个单位，就将造成地区经济增长质量评价下降 0.8%。固定效应模型的结果支持 OLS 的分析结论。

进一步的分析可以发现，与基本 OLS 回归分析结论不一致的是，外商投资与政府公共支出在分别添加控制变量后与地区经济增长质量的作用变得不显著；而与前述结论一致的是，地区金融发展与经济增长质量存在比较显著的负相关关系，表明地区金融的发展并不能有效地促进经济增长质量的提升。

二、产业承接地区的分组计量结果分析

进一步地，我们需要了解产业转移对于经济增长质量的负向作用在何种产业转移类型的影响作用更为显著。可通过将产业转移地区分为产业承接地区与产业转出地区来进行分析。本部分主要分析产业承接地区承接产业转移后对其经济增长质量的影响。分析进行基本的 OLS 回归和双向固定效应模型回归，其中被解释变量为主成分分析合成后的广义经济增长质量的变量。

(一)基本 OLS 回归

首先在产业承接的地区样本中，对产业区位熵与经济增长质量进行基本 OLS 回归，结果如表 6-5 所示。

表 6-5 **产业承接地区的基本 OLS 回归结果**

变量名称	(1)	(2)	(3)	(4)	(5)	(6)
产业转移	-0.0451***	-0.0330***	-0.0208**	-0.0186**	-0.0177**	-0.0144*
	(0.0121)	(0.0126)	(0.00830)	(0.00817)	(0.00820)	(0.00737)
利用外资		1.91e-06***	1.58e-06***	6.78e-07***	8.17e-07***	6.94e-07***
		(1.53e-07)	(1.01e-07)	(1.57e-07)	(1.90e-07)	(1.71e-07)
公共支出					-2.08e-08	-2.46e-08*
					(1.63e-08)	(1.46e-08)
金融发展						-0.440***
						(0.0228)
Constant	0.0326	-0.112***	-6.384***	-6.471***	-6.580***	-12.11***
	(0.0366)	(0.0381)	(0.141)	(0.139)	(0.163)	(0.322)
Observations	1616	1558	1558	1557	1556	1556
R^2	0.008	0.096	0.609	0.622	0.623	0.696

注：括号内为回归估计系数的标准误；*、**、***分别表示在 10%、5%以及 1%的置信水平上显著。

通过基本 OLS 回归可以发现，产业承接地区的经济增长质量与产业转移区位熵之间存在负向的关系，逐步控制影响变量后，仍在 0.1 的水平内显著。对于产业承接地区而言，承接的产业不但没有提高地区经济发展的质量，反而显著地降低了经济增长质量。与整体样本回归的系数比较可以发现，产业转移对产业承接地区的负向影响作用更大，即这些地区每承接产业使产业区位熵每提升 1 个单位，相应地就会造成经济增长质量下降 1.4%。

外商投资对产业承接地区的经济增长起到正向的促进作用，表明产业承接地区的外商投资有利于改善产业转移带来的负向作用；然而地区的金融发展却与产业承接地区的经济增长质量呈显著的负相关，说明产业承接地区的金融发展并未能有效地促进承接产业的高质量发展。

（二）固定效应模型回归

同样地，通过进一步控制地区效应与时间效应的影响，通过双向固定效应模型来获取更为准确的计量结果，回归结果如表 6-6 所示。

表 6-6　　**产业承接的固定效应模型（固定年份和地区）**

变量名称	(1)	(2)	(3)	(4)	(5)	(6)
产业转移	-0.0276***	-0.0263**	-0.0125***	-0.0122***	-0.0120***	-0.00875**
	(0.0105)	(0.0104)	(0.00387)	(0.00384)	(0.00383)	(0.00377)
利用外资		3.49e-06***	4.27e-07***	1.46e-07	-1.93e-08	1.94e-09
		(2.21e-07)	(8.69e-08)	(1.03e-07)	(1.32e-07)	(1.29e-07)
公共支出					1.32e-08**	8.92e-09
					(6.60e-09)	(6.49e-09)
金融发展						-0.433***
						(0.0515)
Constant	0.0571**	-0.212***	-7.703***	-7.672***	-7.596***	-12.43***
	(0.0278)	(0.0319)	(0.0741)	(0.0736)	(0.0829)	(0.580)

续表

变量名称	(1)	(2)	(3)	(4)	(5)	(6)
地区效应	控制	控制	控制	控制	控制	控制
时间效应	控制	控制	控制	控制	控制	控制
Observations	2012	1941	1941	1937	1936	1936
R^2	0.004	0.134	0.882	0.884	0.885	0.889

注：括号内为回归估计系数的标准误；*、**、***分别表示在10%、5%以及1%的置信水平上显著。

从表6-6的结果中可以看出，产业承接地区的产业区位熵与经济增长质量之间存在显著的负向关系，进一步说明了这些地区承接了产业不但没有促进地区经济增长质量的提升，还显著地逆向影响了地区的经济发展。这一结论与基本OLS回归结果基本一致。逐渐添加控制变量后，外商投资与公共支出对产业承接地区的经济增长质量影响并不显著，而金融发展却对产业承接地区的经济增长存在显著的负向关系。

那么，为什么承接产业的转移会对承接地区的经济增长质量带来危害呢？通过梳理文献可以发现，对于产业转移来说，转移的产业主要是传统的劳动密集型产业和衰退产业，还有一些低盈利、高物耗和高耗能的落后、淘汰产业，对于承接产业城市的经济质量有一定程度的刺激作用，但从长远时间来看，其对于经济发展质量的提升是弊大于利的。

三、产业转出地区的分组计量结果分析

前一部分对产业承接地区的经济增长质量与产业转移的关系进行了分析，发现从长远时间看，产业承接城市承接产业转移是不利于地区长期的经济发展质量的提升的。这一部分将进一步分析产业转出地区的产业转移对其经济增长质量的影响。

采用同样的逻辑和思路，首先统计了产业转出与该地区经济增长质量的基本OLS回归结果，随后通过固定效应模型进行进一步

的分析。

(一)基本 OLS 回归结果

对产业转出地区的产业区位熵与经济增长质量进行基本 OLS 回归，结果如表 6-7 所示。

表 6-7　**产业转出地区的基本 OLS 回归结果**

变量名称	(1)	(2)	(3)	(4)	(5)	(6)
产业转移	0.0774**	0.0806***	0.0118*	0.00917*	0.0126*	0.00967**
	(0.0311)	(0.0281)	(0.0221)	(0.0218)	(0.0209)	(0.0192)
利用外资		1.95e-06***	1.54e-06***	1.70e-06***	2.95e-06***	1.77e-06***
		(1.84e-07)	(1.42e-07)	(2.48e-07)	(3.17e-07)	(3.23e-07)
公共支出					-7.93e-08***	-5.64e-08***
					(1.34e-08)	(1.25e-08)
金融发展						-0.369***
						(0.0436)
Constant	0.361***	0.0799	-5.604***	-5.684***	-6.385***	-11.22***
	(0.0592)	(0.0588)	(0.345)	(0.341)	(0.347)	(0.655)
Observations	394	381	381	378	378	378
R^2	0.016	0.243	0.563	0.571	0.608	0.671

注：括号内为回归估计系数的标准误；*、**、***分别表示在10%、5%以及1%的置信水平上显著。

从表 6-7 的回归结果中可以看出，产业转出地区的产业区位熵值与其经济增长质量之间存在显著的正向关系，添加了相关控制变量后，这种正向的影响仍然在 5%的置信水平上显著。对于产业转出地区，通过产业转出每降低 1 个单位的产业区位熵，会促进其经济增长质量提升 0.96 个百分点。产业转出地区的外商投资会促进其经济增长质量的提升，而政府公共支出和地区金融发展却会降低其经济增长质量。

（二）基本 OLS 回归结果

进一步地，通过双向固定效应模型控制地区和时间对回归模型的影响，可以得到更加准确的分析结果，如表 6-8 所示。

表 6-8　**产业转出地区的固定效应模型（固定年份和地区）**

变量名称	(1)	(2)	(3)	(4)	(5)	(6)
产业转移	0.0997***	0.0893***	0.0133**	0.0125**	0.0124**	0.0128**
	(0.0246)	(0.0224)	(0.00904)	(0.00861)	(0.00864)	(0.00856)
利用外资		4.20e-06***	5.44e-07***	3.64e-07	2.67e-07	2.80e-07
		(4.48e-07)	(1.94e-07)	(2.47e-07)	(4.08e-07)	(4.05e-07)
公共支出					2.94e-09	9.07e-10
					(9.84e-09)	(9.79e-09)
金融发展						-0.211**
						(0.0826)
Constant	0.380***	-0.229***	-7.574***	-7.537***	-7.520***	-10.15***
	(0.0454)	(0.0763)	(0.174)	(0.167)	(0.177)	(1.045)
地区效应	控制	控制	控制	控制	控制	控制
时间效应	控制	控制	控制	控制	控制	控制
Observations	394	381	381	378	378	378
R^2	0.046	0.253	0.887	0.898	0.898	0.900

注：括号内为回归估计系数的标准误；*、**、***分别表示在 10%、5%以及 1%的置信水平上显著。

固定效应模型的回归结果与 OLS 回归的结果基本一致：产业转出对于地区经济增长存在显著的正向影响，产业转出使产业区位熵每提升 1 个单位，会促进经济增长质量提升 1.2 个百分点；逐步添加控制变量后，外商投资与公共支出对经济增长质量的影响并不显著；而金融发展同样也对产业转出地区的经济增长质量存在显著的负向影响。

根据前面的描述性统计可以知道，产业转出城市主要分布在长三角、珠三角以及京津冀等发展比较成熟的沿海城市，这些地区经过多年的发展，产业本身很成熟，尤其是制造业。在发展的初期，地区通过产业集聚来获得规模经济效益，也就是数量型的经济增长，但随着劳动力成本的上升和环保政策的压力等原因，这些地区面临着产业更新升级的需求，要想获得更进一步的发展，必须引进更加先进、高技术的产业，因此会选择将落后的、低价值的产业向周边地区甚至是更远的地区转移。一方面承接先进的、高端产业，另一方面转移低端的、附加值低、高耗能的产业，通过这样的吐故纳新，沿海地区逐步开始进行产业转型升级，从而使经济增长从原始的数量型增长转变为质量型增长。

第四节　分维度的经济增长质量计量结果分析

以上分析了产业转移对经济增长质量的总体影响，并得出“产业承接地区负向影响、产业转出地区正向影响、整体负向影响”的结论。广义的经济增长质量包含多个维度的内涵，本书中将其界定为经济增长结构、经济增长稳定性、福利变化及成果分配、生态环境代价 4 个维度，接下来，本部分将进一步探讨产业转移分别对这 4 个维度的影响作用。

一、产业转移对经济增长结构的影响作用

本书中经济增长结构的代理变量为第三产业比重和第二产业从业人员占比，表 6-9 与表 6-10 分别列出了产业承接地区与产业转出地区的产业熵值与其经济结构的分组回归结果，其中模型(1)为基本 OLS 回归结果，模型(2)为固定效应模型回归结果。

表 6-9　　**产业承接地区的产业转移与经济增长结构**

变量名称	第三产业比重		第二产业从业人员占比	
	(1)	(2)	(1)	(2)
产业转移	-0.0529*	-0.0556*	0.0172	0.0247
	(0.0309)	(0.0308)	(0.0567)	(0.0566)

续表

变量名称	第三产业比重		第二产业从业人员占比	
利用外资	5.88e-06***	5.66e-06***	2.00e-05***	2.01e-05***
	(1.88e-06)	(1.88e-06)	(3.45e-06)	(3.45e-06)
公共支出	-2.26e-07*	-1.84e-07	-1.92e-06***	-1.96e-06***
	(1.31e-07)	(1.33e-07)	(2.41e-07)	(2.43e-07)
金融发展	-1.836***	-1.997***	-5.614***	-5.458***
	(0.213)	(0.224)	(0.391)	(0.410)
地区效应控制	否	是	否	是
时间效应控制	否	是	否	是
Constant	15.25***	224.3	-50.74***	103.1
	(3.150)	(203.9)	(5.768)	(374.1)
Observations	2215	2215	2218	2218
R^2	0.136	0.141	0.154	0.160

注：括号内为回归估计系数的标准误；*、**、***分别表示在10%、5%以及1%的置信水平上显著。

表 6-10　　**产业转出地区的产业转移与经济增长结构**

变量名称	第三产业比重		第二产业从业人员占比	
	(1)	(2)	(1)	(2)
产业转移	0.268	0.235***	0.188	0.181
	(0.232)	(0.0786)	(0.391)	(0.132)
利用外资	2.15e-05***	8.97e-07	3.71e-05***	-4.40e-06
	(3.79e-06)	(3.67e-06)	(6.37e-06)	(6.16e-06)
公共支出	4.65e-07***	2.24e-07**	-1.30e-06***	-7.87e-08
	(1.54e-07)	(9.34e-08)	(2.60e-07)	(1.57e-07)
金融发展	-5.261***	-4.079***	-4.736***	-1.801
	(0.497)	(0.764)	(0.837)	(1.282)

续表

变量名称	第三产业比重		第二产业从业人员占比	
地区效应控制	否	是	否	是
时间效应控制	否	是	否	是
Constant	−35.27***	−23.44**	−29.10**	17.38
	(7.563)	(9.585)	(12.73)	(16.09)
Observations	498	498	498	498
R^2	0.522	0.421	0.207	0.153

注：括号内为回归估计系数的标准误；*、**、***分别表示在10%、5%以及1%的置信水平上显著。

从上面的回归结果可以看出，对于产业承接地区来说，产业转移与第三产业的比重呈现负向显著关系，显著性水平为0.5，承接产业使产业区位熵每上升1个单位，就会使地区第三产业的比重下降5%；同时，产业区位熵与地区第二产业从业人数占比呈正向关系，但是作用并不显著，表明承接的产业转移并不能有效地促进本地区劳动力在第二产业的就业。整体而言，对于产业承接地区来说，承接的产业并不能有效地促进本地区的劳动力就业，也无法改善本地区的经济增长结构。

对于产业转出的地区而言，产业区位熵与第三产业比重呈现显著的正向关系，表明这些地区将制造业产业转出之后，第三产业的比重明显提升，整体经济增长结构趋于改善；然而转出产业后，对于本地区的就业情况改善并不明显。整体而言，对于产业转出地区，制造业的转出虽然不能明显改善本地区第二产业的就业情况，但是会显著地提升第三产业的比重，对整体地区经济增长结构起到显著的改善作用。

二、产业转移对经济增长稳定性的影响作用

本书中经济增长稳定性的代理变量为GDP波动，表6-11与表6-12分别列出了产业承接地区与产业转出地区的产业熵值与其经济增长稳定性的分组回归结果，其中模型(1)为基本OLS回归结

果，模型(2)为固定效应模型回归结果。

表 6-11　　产业承接地区产业转移与经济增长稳定性

变量名称	GDP 波动率	
	(1)	(2)
产业转移	0. 216	0. 253
	(0. 168)	(0. 185)
利用外资	1. 90e-06	2. 69e-06
	(3. 85e-06)	(6. 94e-06)
公共支出	-2. 68e-08	-1. 97e-07
	(2. 81e-07)	(4. 65e-07)
金融发展	-0. 516	0. 184
	(0. 466)	(2. 916)
地区效应控制	否	是
时间效应控制	否	是
Constant	6. 427	-1. 448
	(6. 991)	(32. 22)
Observations	1622	1622
R^2	0. 102	0. 322

注：括号内为回归估计系数的标准误；*、**、***分别表示在 10%、5%以及 1%的置信水平上显著。

表 6-12　　产业转出地区产业转移与经济增长稳定性

变量名称	GDP 波动率	
	(1)	(2)
产业转移	-0. 0202	-0. 00342*
	(0. 0450)	(0. 0465)
利用外资	-1. 45e-06*	-7. 63e-07
	(7. 63e-07)	(2. 22e-06)

续表

变量名称	GDP 波动率	
	(1)	(2)
公共支出	7.23e-08**	1.35e-08
	(2.96e-08)	(5.41e-08)
金融发展	0.122	0.687
	(0.101)	(0.456)
地区效应控制	否	是
时间效应控制	否	是
Constant	0.841	-7.787
	(1.524)	(5.770)
Observations	395	395
R^2	0.231	0.388

注：括号内为回归估计系数的标准误；*、**、***分别表示在 10%、5%以及 1%的置信水平上显著。

从表 6-11、表 6-12 的分析结果可以发现，对于产业承接地区而言，产业转移对于地区经济增长稳定性的影响并不显著。而对于产业转出地区而言，产业的转出会显著降低其 GDP 的波动，有利于其经济增长的稳定性。总体而言，产业转移对产业承接地区的经济增长稳定性影响并不显著，但是会促进产业转出地区的经济增长稳定性，从而提升其经济增长质量。

三、产业转移对福利变化及成果分配的影响作用

福利变化及成果分配的代理变量为地区职工平均工资及人均城市道路面积，表 6-13 与表 6-14 分别列出了产业承接地区与产业转出地区的产业熵值与其福利变化及分配的分组回归结果，其中模型(1)为基本 OLS 回归结果，模型(2)为固定效应模型回归结果。

表 6-13　　　**产业承接地区的福利变化及成果分配**

变量名称	职工平均工资		人均城市道路面积	
	(1)	(2)	(1)	(2)
产业转移	39.86	36.29	-0.00515	-0.00191
	(43.76)	(35.46)	(0.0296)	(0.0166)
利用外资	0.0101***	0.00444	1.22e-06	-1.78e-06
	(0.00269)	(0.00340)	(1.80e-06)	(1.59e-06)
公共支出	0.000320	0.000693***	-1.04e-07	2.19e-07**
	(0.000196)	(0.000215)	(1.26e-07)	(9.93e-08)
金融发展	-4，386***	-9，052***	-2.732***	-3.336***
	(305.8)	(1306)	(0.205)	(0.610)
地区效应控制	否	是	否	是
时间效应控制	否	是	否	是
Constant	-107003***	-174067***	-36.29***	-43.02***
	(4540)	(14334)	(3.020)	(6.697)
Observations	2205	2205	2215	2215
R^2	0.551	0.711	0.139	0.246

注：括号内为回归估计系数的标准误；*、**、***分别表示在10%、5%以及1%的置信水平上显著。

表 6-14　　　**产业转出地区的福利变化及成果分配**

变量名称	职工平均工资		人均城市道路面积	
	(1)	(2)	(1)	(2)
产业转移	-148.8	146.8	-0.0219	0.0139
	(220.0)	(97.37)	(0.221)	(0.0885)
利用外资	0.00297	-0.000528	2.08e-05***	1.20e-05***
	(0.00357)	(0.00450)	(3.60e-06)	(4.14e-06)

续表

变量名称	职工平均工资		人均城市道路面积	
	(1)	(2)	(1)	(2)
公共支出	0.000642***	0.00115***	-1.16e-06***	-6.83e-07***
	(0.000145)	(0.000115)	(1.46e-07)	(1.05e-07)
金融发展	-5，266***	-5，300***	-2.739***	-0.905
	(472.9)	(939.0)	(0.474)	(0.854)
地区效应控制	否	是	否	是
时间效应控制	否	是	否	是
Constant	-122195***	-143725***	-34.94***	-18.13*
	(7169)	(11793)	(7.179)	(10.70)
Observations	494	494	491	491
R^2	0.764	0.938	0.275	0.336

注：括号内为回归估计系数的标准误；*、**、***分别表示在10%、5%以及1%的置信水平上显著。

从表6-13与表6-14的回归结果可以看出，不论对于产业承接地区还是产业转出地区，产业区位熵与地区经济增长的福利变化及成果分配的作用均不显著，表明产业转移并不会影响地区的福利变化及成果分配。

四、产业转移对生态环境代价的影响作用

经济增长的生态环境代价的代理变量为地区工业烟尘和工业废水的排放量，表6-15与表6-16分别列出了产业承接地区与产业转出地区的产业熵值与其经济发展生态环境代价的分组回归结果，其中模型(1)为基本OLS回归结果，模型(2)为固定效应模型回归结果。

表 6-15　　产业承接地区的生态环境代价

变量名称	工业烟尘排放量		工业废水排放量	
	(1)	(2)	(1)	(2)
产业转移	2.178	4.995*	0.409	0.719*
	(23.32)	(18.12)	(0.951)	(0.624)
利用外资	0.000775	-0.000153	4.64e-05	4.01e-06
	(0.00144)	(0.00176)	(5.87e-05)	(6.02e-05)
公共支出	8.73e-05	7.90e-05	5.88e-07	-3.20e-06
	(0.000108)	(0.000121)	(4.36e-06)	(4.14e-06)
金融发展	-363.7**	214.4	-36.11***	54.32**
	(177.0)	(672.2)	(7.161)	(22.99)
地区效应控制	否	是	否	是
时间效应控制	否	是	否	是
Constant	10225***	1393	574.7***	-518.5**
	(2474)	(7385)	(100.2)	(252.2)
Observations	2，160	2，160	2，203	2，203
R^2	0.215	0.564	0.320	0.674

注：括号内为回归估计系数的标准误；*、**、***分别表示在 10%、5%以及 1%的置信水平上显著。

表 6-16　　产业转出地区的生态环境代价

变量名称	工业烟尘排放量		工业废水排放量	
	(1)	(2)	(1)	(2)
产业转移	-61.65	49.65	-0.413	0.0238
	(121.4)	(95.58)	(0.827)	(0.378)
利用外资	-0.00250	0.00569	-1.71e-07	1.97e-05
	(0.00199)	(0.00447)	(1.35e-05)	(1.76e-05)

续表

变量名称	工业烟尘排放量		工业废水排放量	
	(1)	(2)	(1)	(2)
公共支出	9.46e-05	-4.90e-05	-2.25e-07	-3.84e-07
	(8.14e-05)	(0.000114)	(5.50e-07)	(4.50e-07)
金融发展	-463.1*	-1816*	-14.00***	2.012
	(263.4)	(930.7)	(1.769)	(3.674)
地区效应控制	否	是	否	是
时间效应控制	否	是	否	是
Constant	810.9	-19214	206.6***	8.360
	(4017)	(11673)	(26.92)	(46.09)
Observations	488	488	497	497
R^2	0.026	0.020	0.197	0.009

注：括号内为回归估计系数的标准误；*、**、***分别表示在10%、5%以及1%的置信水平上显著。

从表6-15的结果可以看出，对于产业承接地区，承接了产业转移之后，工业烟尘和工业废水的排放量都有显著提升，显著性水平均为0.05，可见产业承接地区承接的产业多为高耗能、污染大的产业，这些产业将会显著地恶化地区的自然生态环境，进而损害地区经济增长质量。从表6-16的结果可以看出，对于产业转出地区产业转移对地区的自然生态影响并不显著，表明这些地区的产业转移并不能明显改善其环境质量。

第五节　稳健性检验及分析结论

一、稳健性检验

这一部分对经济增长质量与地区产业转移的计量回归结果进行

稳健性检验。主要采用滞后一期的工具变量以及双向固定效应模型方法。

(一)对整体地区回归结果的稳健性检验

首先将整体地级市样本的产业转移区位熵值与主成分分析后的经济增长质量值作滞后一期的工具变量回归，同时控制固定地区效应与时间效应，结果如表 6-17 所示。

表 6-17 产业转移与地区经济增长质量滞后一期的固定效应模型(IV)

变量名称	(1)	(2)	(3)	(4)	(5)	(6)
产业转移	-0.036***	-0.034***	-0.017***	-0.017***	-0.016***	-0.016***
	(0.0126)	(0.0121)	(0.00521)	(0.00520)	(0.00518)	(0.00468)
利用外资		2.76***	8.11***	7.63***	3.44**	8.29*
		(1.79e-07)	(9.87e-08)	(1.05e-07)	(1.49e-07)	(1.35e-07)
公共支出					2.75e-08***	1.29e-08**
					(6.96e-09)	(6.33e-09)
金融发展						-0.531***
						(0.0266)
地区效应	控制	控制	控制	控制	控制	控制
时间效应	控制	控制	控制	控制	控制	控制
Constant	0.232***	0.0438	-7.209***	-7.200***	-7.053***	-13.13***
	(0.0460)	(0.0470)	(0.0944)	(0.0942)	(0.101)	(0.317)
Observations	1797	1740	1740	1737	1736	1736

注：括号内为回归估计系数的标准误；*、**、***分别表示在 10%、5%以及 1%的置信水平上显著。

从表 6-17 的结果可以看出，产业转移后地区产业区位熵与经济增长质量呈现显著的负向关系，表明前述研究结论比较稳健，即产业转移将导致地区经济增长质量的下降。进一步与先前模型的系数进行比对可以发现，滞后一期模型中产业区位熵的系数明显小于先前，表明产业转移对地区经济增长质量的影响存在滞后性，且滞后一年的负向效应大于当期的逆向作用。

同时，从其他控制变量的结果也可以发现，滞后一期的回归中外商投资与政府公共投资对经济增长质量的影响作用均显著为正，表明两项因素对经济增长质量的正向影响效应存在滞后性；另外，金融发展与经济增长质量呈现显著的负向关系，表明金融发展对地区经济发展的负向影响也存在滞后性。

（二）对产业承接地区回归结果的稳健性检验

进一步对产业承接地区样本的产业转移区位熵值与主成分分析后的经济增长质量值作滞后一期的工具变量回归，同时固定地区效应与时间效应，结果如表 6-18 所示。

表 6-18 产业承接与地区经济增长质量滞后一期的固定效应模型（IV）

变量名称	(1)	(2)	(3)	(4)	(5)	(6)
产业转移	-0.0218	-0.026*	-0.024***	-0.024***	-0.024***	-0.024***
	(0.0141)	(0.0136)	(0.00560)	(0.00561)	(0.00556)	(0.00496)
利用外资		2.69e-06***	6.89e-07***	6.33e-07***	1.07e-07	8.06e-09
		(2.15e-07)	(1.09e-07)	(1.12e-07)	(1.65e-07)	(1.47e-07)
公共支出					4.35e-08***	1.58e-08*
					(1.01e-08)	(9.16e-09)
金融发展						-0.589***
						(0.0320)
地区效应	控制	控制	控制	控制	控制	控制
时间效应	控制	控制	控制	控制	控制	控制
Constant	0.138***	0.00401	-7.298***	-7.292***	-7.065***	-13.65***
	(0.0511)	(0.0512)	(0.101)	(0.101)	(0.114)	(0.372)
Observations	1442	1393	1393	1392	1391	1391

注：括号内为回归估计系数的标准误；*、**、***分别表示在 10%、5%以及 1%的置信水平上显著。

表 6-18 的分析结果表明，产业区位熵与经济增长质量呈现显著的负向关系，这说明产业承接地区承接相关产业后，经济增长质量确实出现了下降，而且滞后一期下降的幅度比当期的幅度更大。外商投资对产业承接地区经济的增长质量作用不显著，而政府公共支出对产业承接地区却存在显著的正向作用，地区金融发展则对经济增长质量存在显著的负向影响，并且影响也存在着滞后性。

（三）对产业转出地区回归结果的稳健性检验

最后，对产业转出地区样本的产业转移区位熵值与主成分分析后的经济增长质量值作滞后一期的工具变量回归，并同时固定地区效应与时间效应，结果如表 6-19 所示。

表 6-19 **产业转出与地区经济增长质量滞后一期的固定效应模型（IV）**

变量名称	(1)	(2)	(3)	(4)	(5)	(6)
产业转移	0.0717**	0.0629**	0.0290**	0.0287**	0.0284**	0.0278**
	(0.0295)	(0.0276)	(0.0130)	(0.0129)	(0.0130)	(0.0124)
利用外资		3.10e-06***	9.40e-07***	9.98e-07***	1.02e-06**	6.64e-07
		(3.68e-07)	(2.27e-07)	(2.96e-07)	(4.84e-07)	(4.57e-07)
公共支出					2.26e-10	4.13e-09
					(1.30e-08)	(1.23e-08)
金融发展						-0.459***
						(0.0687)
地区效应	控制	控制	控制	控制	控制	控制
时间效应	控制	控制	控制	控制	控制	控制
Constant	0.539***	0.149	-7.082***	-7.072***	-7.056***	-12.72***
	(0.114)	(0.127)	(0.238)	(0.239)	(0.251)	(0.882)
Observations	353	345	345	343	343	343

注：括号内为回归估计系数的标准误；*、**、***分别表示在 10%、5%以及 1%的置信水平上显著。

滞后一期的回归结果表明，产业区位熵与经济增长质量的回归系数为正，这表明产业转出地区的产业转移会显著地提升地区经济增长质量，与先前分析结论一致。进一步地，通过回归模型的系数比较可知，对于产业转出地区，其产业转移对经济增长质量影响的正向作用也存在滞后性，其中滞后一期的效应明显大于当期的效应。外商投资与公共支出对其经济增长质量的影响并不显著，而地区金融发展却对其存在显著的负向作用，这种作用也存在着滞后性。

二、分析结论

广义的经济增长质量包含了更多维度的价值取向。本部分主要将经济增长质量理解为经济增长结构、经济增长稳定性、福利变化及成果分配、生态环境代价 4 个维度，每个维度分别选择 2 个指标进行描述，以此构建了 8 个代理变量的经济增长质量指标体系。分别采用 OLS 回归模型、固定效应模型以及滞后一期的工具变量等方法，分析了产业转移对总体经济增长质量以及各维度经济增长质量的影响作用，并通过将样本分为整体样本地区、产业承接地区以及产业转出地区分别进行分组回归，进而进行比较分析。通过以上多层次、多维度的回归分析与稳健性检验，本书主要得到以下结论：

(1)产业转移对经济增长质量存在显著的负向作用，即地区产业转移会导致整体经济增长质量的下降。

(2)产业转移对经济增长质量的影响作用对于产业转出地区与产业承接地区存在不同，对产业承接地区而言，存在明显的负向作用，即产业承接地区承接产业转移后，经济增长质量普遍下降；而对于产业转出地区而言，却存在明显的正向作用，即产业转出地区转移产业后，经济增长质量得到明显改善。

(3)对于产业承接地区，产业转移对其经济增长质量的负向作用主要是通过影响经济增长结构及恶化地区生态环境来逆向作用于地区经济增长质量的；而对于产业转出地区，产业转移对其经济增长质量的正向作用则主要是通过改善经济增长结构与加强经济增长稳定性来正向作用于经济增长质量的。

(4)产业转移对经济增长质量的影响存在着滞后效应。其中，对于产业承接组而言，滞后一期的负向作用大于当期的负向作用；对于产业转出组而言，滞后一期的正向作用与当期的正向作用相当；总体而言，滞后一期的负向作用大于当期的负向作用。

(5)地区的金融发展均对产业转移地区与承接地区的经济增长质量起到负向的抑制作用。

第七章 产业转移促进区域经济增长质量的战略选择与政策路径

通过定量的实证分析可知，当前我国地区间的产业转移并未有效地促进经济增长质量的提升，虽然对于产业转出地区而言经济增长质量有所改善，但是对于广大的产业承接地区而言，产业转移却在一定程度上降低了其经济增长质量。因此，根据促进经济增长质量提升的目标，我国产业转移需要进行一定的战略调整，并选择合适的政策路径。

第一节 产业转移的战略定位与选择

一、以“五大发展理念”引领新常态下区域产业转移

党的十九大以来，在“新时代”的号召下，区域间产业的转移将以“创新、协调、绿色、开放、共享”五大发展理念为基本点，通过产业转移转变经济发展方式来实现产业合理配置。这不仅迎合了供给侧结构性改革，还有利于中国经济的持续健康发展。所以，“创新、协调、绿色、开放、共享”将成为“新时代”下区域产业转移的指导思想。

（一）崇尚创新，实现区域产业转移与创新能力的新提升

区域间产业转移将会提升各区域的产业水平。为实现区域经济的创新、协调、可持续发展，只有不断加快产业转移的步伐，促进传统产业主动承接新兴产业，通过“腾笼换鸟”实现产业优化升级，逐渐培养起各产业的创新意识和创新能力，才能健全、优化区域产业分布，实现资源合理配置。为提高第二产业的效率、推进经济持

续发展，必须紧紧把握“兼并”和“第二产业转型”两大法宝，对现有的资源重新分配、合理规划。而区域产业转移同样具有如此功效，区域间产业转移能够将现有要素在不同时空进行重组、调整、分配，转变经济发展方式，为经济创造源源不断的动力，提高经济发展的质量和效率，实现经济更好更快发展。因此，产业承接和转移过程中应该充分发挥企业的主体地位，利用大型企业的创新研发投入带动与引领其他企业的进步。在产业区域转移过程中，不仅仅只是企业的搬迁，而是利用更先进的技术和准入门槛在区域之间实现资源优化。引导与鼓励产业区域转移过程中利用先进的技术，更新其机器设备，来实现产业技术的创新。通过推动和培养高新技术产业的发展，推进产业承接区域和转入区域的产业水平向更高的层次发展，进而提高经济内生发展质量。

（二）注重协调，推动产业转移进入区域协同的新时代

推动与引导产业在区域之间的转移是实现区域之间协调发展，从而推动供给侧改革的关键措施之一。重点推动东部地区作为转移地，西部地区作为承接地进行梯度转移。此外，通过增加东西部地区经贸合作、取长补短也是现阶段供给侧结构性改革面临的新课题。近年来重点强调：京津冀协同发展，“一带一路”建设，长江、珠江经济带发展。这是为了要在产业的转移方面获得关键性发展。从国家视角来看，应该设立相应的产业转移管理部门，从而使“一带一路”、京津冀、珠三角、长江经济带等区域进行良性互动，实行有效沟通，以促进其长期合作，达成区域之间的互利共赢。此外，因为产业之间的转移需要涉及多方面的事项，为此需要结合公众力量共同参与，实现协同发展。因此，无论是东、中、西部地区还是东北、长江地区都应该根据当地经济发展现状，并依托自身优点，分工协作，取长补短，从而形成良性发展的产业集群，在各自发展层面上实现合作互利，打破区域壁垒，形成完善的产业链条，增加产品附加值，助力经济增长高质量发展。

（三）倡导绿色，开辟区域产业转移与承接的新境界

目前，供给侧结构性改革目标之一是防止中西部地区过剩产能与落后、污染企业的迁入。然而不可否认，现阶段中西部地区存在为发展经济而引进大量污染企业的事实，甚至存在为追求政绩，中西部地区不加以审视，将东部地区淘汰下来的低附加值、耗能污染严重的工厂，抑或是某些淘汰产能进行包装后重新入驻中西部地区，或者建于城市周边的工业园区。因此，在经济新常态背景下，产业在区域之间的转移应秉持绿色环保理念，同时建立健全资源节约、优化资源配置的产业转移机制。产业承接地区与转移地区应树立环境友好、解决资源的观念，逐渐淘汰仅以GDP作为考核政府政绩的唯一指标，采用更加合理的绿色GDP指标，以产业链的绿色生产与转移并附加技术创新重新构建生产过程，提高产业区域专业和承接方式向绿色环保模式转变，不断拓展产业转移与承接的新领域。

（四）加深开放程度，创新产业转移新格局

自"一带一路"倡议提出以来，随着对外开放程度不断加深、产业转移步伐不断加快，现如今我国已经发展为内外联动式的新型格局。为创造厚植开放、创建产业转移的新格局，我国政府坚持以实现"主动""双向""公平""全面""共赢"为目标，采取积极的创新发展措施，拓宽发展空间，争取实现区域产业转移与国际产业转移、国际产能合作共同发展的新型发展格局。

近年来，县城、乡镇以及农村等地区出现了大量的本地在外人员返回本土投资创业的现象，这是政府创建产业转移新型格局的又一大重要举措所产生的结果。为实现区域性的产业转移，政府从多个方面开展了一系列的建设方案，不断提高创业园区对于返乡创业的承接能力，争取从更高水平和层次上实现各个地区的产业转移。

实现产业转移的措施及政策：(1)在沿海地区进一步加深对外开放程度，设立多个国际经济开放区，进一步促进区域产业转移与国际产业转移相互促进，共同发展。同时颁布一系列的政策，支持和促进沿海地区的产业融入全球产业，进一步加快沿海地区参与全球经济发展的步伐，建立起国内外产业合作聚集地。(2)在内陆地区不断提升产业承接能力，建设和改善各个产业园区的开放承接平台，为沿海地区产业和国际产业的进入提供更好的承接基础。(3)在不断提高开放水平的同时，促进边沿地区与邻国地方政府之间的国际合作，加快边境地区的发展速度，提升经济发展质量。

（五）扩大共享范围，优化产业利益分配方案

要实现区域产业转移的顺利推行，对于区域产业利益的分配需要进行进一步的优化。区域产业在转移和承接过程当中，涉及的组织利益众多，其中包括企业、银行、消费者、供应商、政府等，只有进一步强化区域产业利益的分配方案，维护好各个利益相关者的利益，才能保证产业转移的顺利进行和进一步壮大。政府通过积极调整区域产业转移和承接相关的政策机制，以实现转移方和承接方在相关的区域产业转移项目当中对于投资的共同承担以及收益的共享，进一步提高转移方和承接方在区域产业转移和承接过程当中的参与积极性，实现区域产业转移的快速发展和利益相关者的收益最大化。

近几年来，有关农村扶贫政策在政府的着重强调和积极落实下，农村绝大部分地区已经实现了“精准扶贫”，且扶贫成果已经逐渐显露。为尽快减小贫富差距，实现全民进入小康社会的目标，政府通过区域产业转移将沿海等经济发达地区的过剩的优质产能向西部地区引进，同时及时建设和优化西部产业园的承接能力，全方位提高西部地区的经济发展速度，改善西部地区的社会环境和生态环境。在推进西部地区发展的过程当中，政府要确切落实发展政策；沿海等经济发达地区要落实帮扶责任；西部欠发达地区要明确自身发展的优劣势，改变劣势，进一步突出优势，加快经济发展。西部欠发达地区在根据自身优劣势建立和发展自身的产业园区时，要进一步配合政府引入相关的技术及资金，建立起互通互联的信息网以实现资源的共享。

另外，对于我国的中部、西部地区的小型城镇，通过区域产业转移机制因地制宜地引入合适的产业进行开发，帮助小区域的农民工就近创业、就业，让经济发展的红利更多地惠及人民群众。

二、转入地承接产业转移的战略选择

在全面推进区域产业转移过程当中，产业转移后的承接过程也极为重要。政府在承接转移产业的过程当中必须制定出合适的承接方案，帮助转移的产业尽快地实现与转入地产业的融合，成为转入地经济发展的一大活力，促进本地经济发展。

(一)明确转入产业的定位，选出最佳的承接点

转入地要实现转入产业的最快最优承接，就要保证在产业承接之前，明确转入产业的主干部分、枝干部分和基础部分，明确转入产业的定位，选出最佳的对接点，尽快实现转入产业融入当地地产园，成为承接地的一大新产业资源。在承接产业的过程中，要快速寻找突破点，可以通过以下几个思路入手：

第一，一定要摒弃旧有的思维惯性。要以实现承接方和转移方利益最大化为目标，做好产业转移的承接方案。进一步地优化本地产业园的承接能力。在进行产业承接的过程当中，一定要秉持求优不求大的发展理念，根据本地的资源特色引入相适应的产业资源，并对引入产业进行分析，明确引入产业的定位，选择出合理的承接点，实现特色化发展。同时在产业承接的过程中要注意资源的合理应用，保证自身的生态环境和资源健康发展，全面实现产业转移的高效化和最优化。

第二，要进一步加快传统产业的发展步伐。通过优化承接地的产业园平台，以实现产业承接过程的顺利进行和进一步发展。积极地调动本地丰富的资源优势，引入所需的技术、机械设备、资金等进一步发展和改进传统产业，提高传统产业和引入产业的融合率，创新产业发展渠道，以实现本地产业资源和引入产业资源的融合性发展，孵化新型产业链。

第三，进行新型产业开发。新型产业的开发是帮助欠发达地区实现经济跨越式迅速崛起的重要途径。要透析本地各类资源的发展特点以及可能的开发点，抓住新型产业发展机遇，在承接转移产业的过程当中积极地寻找新型产业开发的突破口，增加本地的产业资源，开拓本地产业发展新格局。

(二)紧扣产业主链，发展产业支链

加快欠发达地区的产业发展，优化当地基础产业发展，紧紧围绕主干产业，通过补齐产业短板，实现产业链的平衡、稳健、快速发展。

在努力发展自身的主干产业时，通过承接区域产业资源，对自身的产业缺陷和短板进行调补。首先选择补充有利于自身主干产业发展的产业链，选择与主干产业相关程度大的企业进行合作，采用差别化的查缺补漏的方式依次实现产业链的完善，帮助产业链发展壮大。

将龙头企业的引入作为发展产业链的重中之重。龙头企业对于社会资源有着更高的带动作用，因为龙头企业在引入的过程当中往往会带动一批企业或者其他的社会组织以及产业参与，同时引入大量的社会资金，促进产业发展的效果更强，帮助欠发达地区在金融、技术、劳动力等市场的发展，帮助优化各类市场配置，帮助建设高层次高水平的产业资源。

(三)扩大产业影响，实现产业集群化发展

加快欠发达地区的产业发展，帮助产业实现特色发展，提高产业的竞争力，通过强化产业辐射，实现产业集群化发展。选取产业发展的突破口，实现产业链的专业化发展，以产业园作为产业集群化发展的载体，促进相关的产业项目集中，通过发展优势产业实现生产要素的集中。不断创新和开发新型的产业模式，积极引入外来资源，扩大对外承接范围，进一步提高内外合作力度，吸收外来发展经验，创建多元化的产业发展新气象。将产业发展模式逐渐转化为市场主导、政府引导的新型产业发展模式。

加快引入产业的承接速度，尽快实现资源的整合，加快区域产业转移工作的步伐。在承接区域产业转移的过程当中，同时也要促进区域产业之间的相互合作，实现区域产业的联动式发展。在面对行政区相关机制的制约时，要积极地寻找突破口，通过产业合作的方式调整产业发展缺陷，做到资源利用最大化、收益最大化，找到农业、工业、服务业的最佳发展模式，实现三业的互相促进、共同发展。

随着区域产业转移的不断发展，其对基础环境的要求不断提高。基础环境的优化不仅是改善区域产业转移发展的基石，在新一轮的区域产业转移发展过程当中，也成为了重要的发展动力。因此，要进一步加快道路建设，改善交通运输环境；要进一步改善政务环境，改善商业氛围，提高服务水平，优化行政效率。

三、转出地进一步加快产业转移工作办法

（一）紧随时代步伐，及时更新工作理念

要确切落实区域产业转移工作，在政府相应政策的保驾护航下，引领大量的产业向西部欠发达地区进行产业转移工作。产业转移工作能否顺利和快速推进，不仅仅关乎转入地能否进行顺利的产业承接，同时也在于转出地的产业能否顺利地进行产业转移。

对于转出地的产业转移，政府一定要做到及时配合市场变化，鼓励企业积极参与产业转移，帮助企业通过产业转移实现进一步的壮大，同时也要强化市场对于经济的调节作用，将政府对于经济调控的作用转化为宏观调控。

政府应对产业转移实施优化政策，积极鼓励龙头产业先转移，以龙头产业的转移带动其他产业链的转移，在龙头产业转移的带动下大大缩短产业转移所需的时间，进一步加快产业转移的推动速度。

在选择龙头企业实现产业转移带动作用的同时，一定要注重对于龙头企业的选择，不能避开中央所属的大型国有企业，力争将中央大企业作为龙头企业带动区域产业转移，帮助区域产业转移实现最快、最好的发展。

（二）开放思想，加大创新

在推进区域产业转移过程中，要及时根据市场变化和经济发展情况调整产业转移在转入地和转出地的相关政策，帮助欠发达地区实现经济的快速崛起。产业转移需要大量的社会资源，如资金、技术人才、机械设备、劳动力等。企业带动产业转移是一大重要手段，因此政府更要重视企业的发展，强化对于企业的扶持和引导作用，鼓励企业重用人才，重视创新，推动企业发展，创新产业转移发展格局。

（三）迎难而上，积极发展

面对市场经济变化，政府要主动调整相关的政策帮助产业转移

顺利进行，企业也要根据外来发展环境的变化及时调整发展措施。在我国经济发展努力适应进入新常态的同时也要主动出击，抓住发展机遇，进一步地调整对外开放战略，增加中外合作，对内要及时调整发展战略，抓住业务创新突破点，努力保证经济稳定快速发展。在对外合作和对内发展业务上要积极寻找新的业务增长点，调整业务发展结构。乡镇、农村等地区的农业有着极大的发展空间，政府和企业应根据市场变化及时调整经济发展战略，开发农业，加快小型城镇地区的经济发展，同时也要注意保护生态环境，“既要金山银山，也要绿水青山”。

第二节　产业承接地区促进经济增长质量的政策建议

一、优化财政机制

（一）为公共产品增加投资，完善供给机制

要保证区域产业转移在承接地能够最快、最好地承接并发展，就要保证承接地能对承接能力进行提高，承接地的产业园一般是实现区域产业转移的重要承接基础，而在承接时对于具有消费性的公共产品的要求也要有所提高。

公共产品具有非竞争性，其一般情况下是不受市场机制约束的，因此对于公共产品的供给部分，一般由政府财政部门提供。对于承接产业转移的地区而言，要保证产业转移的效率和质量，其对公共产品的投资力度也要加大，为外来产业提供更好的公共服务和承接质量。

另外，财政政策作为调整经济发展和国家产业发展结构的重要手段，在面对我国经济发展新常态的局势下，要及时转变相关策略，制定新的经济、利益杠杆政策。对于参与区域产业转移的企业实行差异化的税收政策，尽量降低企业在进行区域产业转移过程当中可能会发生的风险概率，帮助企业进行产业结构调整，实现企业产业转移的顺利进行。对于承接地，要优化承接政策，调整当地的

产业结构，鼓励当地政府积极引导当地产业承接，增加当地的人才资源，让人才带动科技发展，以科技带动经济发展。

（二）建立信息沟通平台，扩大融资渠道

承接地要保障和提高区域产业转移的质量，要优化当地的金融机构的服务政策，为外来企业在产业转移过程中提供更好的转入地。对于当地的金融机构，当地政府要及时与中小型金融机构进行沟通，了解其发展缺陷与困难，通过相应的政策调整解决其发展难题。另外，通过减免税收降低其在发展过程当中所需的相关配套设施的支出，进一步鼓励、扶持中小型金融机构的发展，为承接产业转移做出最好准备。最后，政府应当帮助入驻企业实现最快的落户，对其在当地的发展提供一定的金融支持，对于有生产要求或者售后要求的企业要及时帮助其配齐相关企业，尽快实现产业链的完整化引入，帮助企业尽快融入当地产业发展结构，促进企业在当地快速发展壮大。

（三）采用积极财政扶持政策，推动产业创新

从世界范围内来看，产业转移的过程等同于创业创新的过程已经被视作一种发展规律。由于在经济产业转移的过程中，新的产业属性和发展动态会通过不同产业之间的资源交换与补充而逐步显现，在这个过程中，产业创新也同时伴随着风险和不确定性，而受益和风险往往又是成正比的，因此投身产业创新的前提在于成本与收益的对比。当产业创新能够准确预期收益时，能够适当地降低创新成本来扩大创新盈利的空间，使得充裕的资金转向下一轮的产业创新中，最终能够进入一个产业创新与收益交替的良性循环。税收作为产业创新中的一项重要内容，适当结合产业政策减免企业税收对于产业创新具有良好的促进作用。部分承接产业转移区域可以发挥区块的比较优势，利用国际产业转移及优异的区域空间资源，以财政扶持、税收减免、贴息贷款等政策倾向为契机，大力开展承接转移地区的产业创新活动，使得该地区的产业发展由低质、低速的产业数量发展向高质、高速的产业质量发展转变，从而进一步提升区域的产业竞争力。

二、金融政策

(一)大力发展中小型金融机构

对于企业来说，能够及时有效地获得融资服务是关乎企业发展的重中之重。当前我国经济结构依然处于二元的状态，企业规模的差异使其获得金融支持的力度完全不同：大型企业能够有较多的融资渠道，而中小企业由于企业规模、成立时间及市场信誉度等均被金融机构拒之门外，造成了企业普遍存在的“融资难”困境。这样一来，中小企业数量多、活力强、资金流转效率高、社会岗位多的优势在无形之中被淹没，直接导致的结果是不同规模的企业差距逐渐形成，整体社会的生产效率进一步降低。相关文献显示，中小金融机构借助自身经营模式灵活，融资方式多样的天然优势，能够很好地对接、服务于当前我国的中小企业并提供相应的金融服务。反观我国金融市场与中小企业类似，以银行为代表的大型国有控股商业银行近乎占据了市场上所有的金融资源，而能够为中小企业提供金融服务的中小金融机构，如农村信用合作联社、城市商业银行等，同样因为规模的原因使其整体实力较弱，难以有效地解决承接地区中小企业的融资服务问题。所以，在相关产业政策的指引下，适当地降低中小金融机构的准入门槛，严格规范金融市场的秩序与规范，针对中小企业制定点对点的扶持政策，提高承接地区产业转移经济效率，使其能够以金融服务带动地区经济的发展。

(二)发展直接融资市场体系

社会金融市场体系的成熟与否，在于不同金融市场能否形成长期、稳定的相互协调的关系。我国目前金融市场主要呈现倒金字塔状，包括深交、上交主板的一板市场，中小板及创业板构成的二板市场，股份代转让的三板市场及区域性的交易的四板市场。从审批的角度来看，前两者主要由我国的证券行业主管部门完成审批，对其企业的资质也是拥有较高的审核要求，如营业期限、最低市值、股本及盈利水平等。而有效地解决中小企业的融资问题，一方面在于积极组建地方性的场外市场，即四板市场；另一方面还要关注承接地区的一些有一定规模且具有发展潜力的企业，通过政策倾斜鼓励其向主板市场发展靠拢，从而实现稳步有序的发展状态。

（三）强化金融企业的信用建设，化解金融风险

地区经济发展水平在一定程度上限制了区域信息的沟通与共享，以此形成的市场信息的不对称会对地区金融信用唤醒造成一定的影响，信用“柠檬市场”的出现将会进一步降低区域的金融服务，从而限制地区企业融资及区域经济发展。所以，形成稳定有序的信用环境成为了承接地区发展金融市场及其服务的重要前提。因此，解决金融产业转移的当务之急是消除金融服务及信用信息不对称，一方面，加强承接地区市场主体金融及信用文化宣传，从意识形态上强化民众及企业主体的认知；另一方面，积极推进信用体系及数据库建设，使得信用及金融信息能够在市场中形成一种有效资源，从而来降低信息不对称对于产业转移的制约，并进一步促进金融市场资源配置效率的提升。反过来看，金融市场的实质是在风险一定的条件下实现的最大收益，因此，金融风险便是金融行业的一个特殊前提。同时，由于金融体系与社会经济发展之间的关系千丝万缕，金融市场较其他行业更加要注重风险防范。从以往的区域产业承接转移实践来看，困扰金融机构的难题之一在于大量的重复性建设导致的系统性风险。基于此，地方政府应该结合本区域具体的发展规划，制定有针对性的金融政策，以便解决区域金融产业发展效率低的问题。

三、创新政策

（一）体制机制创新

与经济发达地区相比，产业承接区域的另一项差距主要体现在体制机制上。承接地区现有的滞后机制环境已经严重阻碍了区域产业转移的进行，没有好的体制机制就无法吸引高附加值产业的转移，从而无法进一步完成地区产业转型升级，破除这一障碍的关键在于体制机制创新，而创造良好的投资环境便成为重点。投资环境的优化在于政府深化改革，地区经济说到底还是政府政策导向的具体表现，政府服务职能的转变已经成为当务之急，其重要职能体现在以下两个方面：一是柔性方面的改革，这里“柔性”指的就是软

环境的建设，包括对外招商引资的鼓励性政策环境，形成公开、公正、透明的市场环境，司法公正、执法严谨的法治环境，高效、灵活、便捷的政务环境，并适时建立运行机制以保障体系的落地实施。二是在刚性方面的改革，这里的“刚性”是指硬环境的建设，包括城市基础建设，如公共服务配套设施等。当前解决服务型政府的构建问题，核心在于通过简政放权、放管结合、降低行政审批频次、优化办事效率、提高政务服务质量。同时，以市场为导向积极推行“小政府”的行政管理理念，主动转变角色定位，变管理职能为服务职能、被动服务为主动服务、审批式管理为程序化管理，一改以往单纯制定普惠政策的传统做法，将重点工作放在优化产业发展环境上，尽可能地通过投资环境的优化，吸引一大批外部企业进入承接区域，这一点是在当前形势下做好承接地区产业转移升级的关键。

企业是构成市场的主体，因此产业转移的本质即为企业所进行的市场经济活动，资源如何配置、资金如何流动的最终决定权还是在市场。当前承接区域产业转移中，有关政府和市场的边界很容易陷入混沌之中，二者在功能定位上是存在区别的：明确市场在产业转移中的主导地位，避免政府过度引导和制度扭曲，使政府职能聚焦于优质社会公共服务的提供、良好投资环境的创造以及公开透明的制度规则的制定。承接地区产业转移升级成功的关键在于明晰市场这只“无形的手”和政府这只“有形的手”的关系，明确市场和政府的角色定位，运用市场竞争机制提高资源配置效率，最终达到区域和产业双赢的局面。

（二）技术创新

当前的大环境下，驱动地区经济持续发展的主要动力在于技术升级与创新。承接产业转移升级的重点要明确，以往仅仅重视招商引资而忽视技术引进和消化吸收再创新，造成经济的抗风险能力不足与不可持续性。加强区域自主创新能力，提高区域产业核心竞争力，一方面需要引进先进技术对传统工艺进行改进；另一方面对产业结构进行调整，增加高新技术产业、高附加值产业及朝阳产业的引入。同时，还要加强高技术人才的引进，进一步加快区域性研发中心的建设，使其尽快形成具有一定影响力的高新技术平台，并以此来吸引具有较强研发实力的大中型企业、知名院校及科研机构的人才，以及引进相关科技孵化项目等。在地区产业转移中，只有高度重视并坚持资金与人才并重的理念，认真做好高级人才的引进，尤其是匹配区域产业特色的高技能、高管理人才的引进，才能最终实现以人才驱动创新、以创新驱动地区经济发展的目的。

（三）产业链创新

招商的对象应该由传统的项目、产业逐步走向产业链。相对于传统的招商模式，及以往单纯依靠土地政策、税收补贴等手段，新型产业链招商则更注重良好的招商环境及健全的产业配套功能，从而达到承接产业转移的目的。产业链创新需要完成产业前端、中端、末端无缝衔接，加强产业价值链纵向延伸，尤其是向高附加值、高价值、高科技产业环节主动发展，提高产业的核心竞争力以及发展潜力。

发挥承接地区的产业比较优势，着力打造优势产业链。针对地区产业劣势及薄弱产业链进行补充，补足地区产业链短板；同时针对高价值产业进行延伸，逐步形成区域核心产业链。针对节能环保、生物医疗、绿色食品加工、智能终端、云计算和软件、新型显示等高成长性行业及高端装备制造业，新材料、新能源、新能源汽车等新兴产业，加强产业吸引力度，围绕核心目标企业打造产业集群，力争依托高价值产业平台形成具有区域影响力的产业园区，吸引更多企业加入，共同完善承接地区的产业链发展。针对金融、保险、旅游、文创、电商、现代物流、信息科技等现代服务业，着眼于发展高端产业链，积极开展与科研机构及院校的合作交流。针对农产品精细加工、休闲观光农业、绿色有机农业等现代农业，主动开展向先进企业单位学习先进技术的研讨会，着力打造现代农业示范产业链。

（四）产业业态创新

结合当前的互联网发展，产业业态出现了新的变化。以“互联网+”为代表的新型产业业态，使得传统产业融合了信息产业的特点，使得产业呈现定制化、信息化、数字化的特征，因此在当前互联网发展的大背景下，产业的创新已经不仅仅局限于技术创新、产业创新，而且更多地表现为模式创新与业态创新。新型式下的业态发展，将会对各行各业均形成颠覆式的冲击，尤其是在承接区域产业转移升级中，巧妙借助“互联网+”的新型思维，结合新型信息产业技术，如物联网、云计算、大数据等，创新打造新型制造业、服务业等，全面升级地区产业业态，促进形成区域产业核心竞争力。

第三节 中、西部地区承接产业转移助推经济增长质量的策略路径

一、中部地区的策略路径

（一）以城市圈促进中部地区承接产业转移

地域之间的差异性，导致中部地区各省发展的差别非常明显，若要实现中部地区的产业转移承接地的建设，关键在于资源的整合重组。对于主体功能定位为自然文化遗产保护和生态涵养的区域，中部地区必须加以重视。因此，要想顺利完成产业转移的承接，建设产业转移示范区是一个必要的举措。此举措有利于促进中部地区发展等方式的转变，使得产业转移的标准和起点更高。同时，城市圈的建设对中部地区差异的解决具有明显的作用。建立城市圈，是在优势互补、分工明确的基础上加强经济联系，形成不同结构、不同层次的经济圈。这样的网络体系可以推动资源的优化配置，加强相互之间的交流与竞争。中部地区可以筹建“武汉城市圈”，并与“昌九景都市圈”“中原都市圈”“长株潭都市圈”相结合，形成一个巨大的区域体系。城市圈通过技术网络、商品网络、人才网络、旅游网络、交通网络、信息网络等紧密联系，从而实现促进中部地区跨越式发展的目标。

（二）以工业园区集中承接东部地区产业转移

发展工业园的关键在于对土地、基础设施、环境治理等要素进行资源配置优化。突出产业集聚在地区发展过程中对工业化、城镇化的辐射带动作用。在吸纳产业转移的过程中，必须要明确园区的

产业定位和方向，发挥产业集聚的作用，建设具有优势的产业基地。通过加强园区内电、路、水资源的共享，促使成本进一步降低，来提高其综合竞争力。通过园区的体制创新功能和辐射功能来推动园区产业优化升级。同时，工业园区的构建过程中我们要考虑到多方面的因素：首先，加强区域产业结构演化和园区建设的统一，发挥产业园区的优势来促进园区产业整体的优化升级。其次，需要加强区域发展规划和园区建设的统一，通过园区建设来提升区域竞争力。在园区的建设过程中，要通过多种方式促进企业主动向园区集中发展，在园区内形成一批集聚效应明显、主导产业突出的产业群，通过产业园区龙头企业的带动，多企业主体的协同参与，来共同带动区域产业的发展。再次，加强园区专业功能定位与园区建设的统一。工业园区的功能就是要着力体现产业品牌、发展竞争力。因而要打造具有特色的工业园区，突显效益性、生态性和创新性，不断提升园区集约化发展水平。同时可以根据地区区位、资源、市场等优势，及时打造产业主导产品，科学界定园区的产业功能。最后，加强市场化管理模式发展方向与园区建设的统一。要加强市场行为在园区建设过程中的主要作用，变革传统的政府主导模式，大力推动信息化建设，构建完备的产业发展综合服务体系。

(三)以壮大主导产业为目标承接产业转移

我国的中部地区不仅是我国的脊柱产业——农业的重要产出和相关农产品的加工基地，还是一些基础材料和能源的来源地，同时也是制造业和新兴技术发展的支撑地区。随着时间的推移，中部地区已经逐渐地发展成为以农产品加工、能源、金属冶炼和加工等为主的产业聚集区。中部地区发展主要依靠的也是这些产业群的发展。因而，为了更进一步地发展经济，实现承接方的经济产业转变，中部地区更应该紧抓本地发展起来的主导产业，并以主导产业的发展壮大作为产业转移发展的“地基”和进一步发展壮大的硬性条件，相应的，也应该设置阶梯化的市场准入制度，并为新进入产业提供一些财政和金融方面的政策优惠。除此之外，要对以前老旧的粗线条产业进行一定的约束，设置严苛的转入门槛，对于原有的粗线条产业的发展进行转化或优化。

首先，对于农产品加工业的发展，中部地区应该充分发挥和利用本土优势，大力吸引外来投资，并且设置相关产业的联合发展，拓展该产业的横向和纵向发展，加大农产品加工业的发展面，支持、鼓励农业发展的先进企业进行新品种的农产品的培育和技术改造。对于农产品市场准入门槛进行重新设定，同时加强对农产品质量管理和发展的市场监管力度。

其次，对于能源业的发展，可以从以下三点出发：第一，努力提高能源的利用率，加大资源的开发程度，使得资源得到合理、有效并且充分的利用，走产业的绿色可持续发展之路。第二，进行该产业的产业结构的调整与升级。由于能源开发领域中的小企业发展迅猛，以及小企业存在的规范性不强、开采手段不合理等问题，资源会形成大量的浪费和过度与不合理的开采。而大型煤炭企业的规模足够，资金设备相对完善，对于开采后处理也更为规范，因而，要鼓励大型煤炭基地的建立，提倡小型企业的兼并重组，并鼓励煤炭企业与水电站的联合发展与运营。

最后，对于中部地区的金属冶炼和加工产业，应该引进外来的发达的技术和优质的机械设备，让先进企业牵头，放松开采权，借助产业链延伸的手段实现产品附加值的增加并以此带动该产业的进一步发展。另外，加快转变老旧工艺程序，淘汰落后工艺，淘汰陈旧设备和产品，通过不断地调整、优化产品工艺、结构和设备来达到降低成本的目的。加快产业结构优化升级，转变发展方式，走资源节约的可持续发展道路，不能浪费资源，同时要注意环境的保护，不能走先污染、后治理的老路。除此之外，还可以通过一些企业的兼并重组等方法进行企业扩张，加强企业的发展能力，通过建设不同省份、产业、所有制，甚至不同国别的大型实力冶金集团和公司企业进行国际竞争。

(四)以培育并新兴产业为目标承接产业转移

新兴产业能够为地区经济发展带来新型原动力，可作为战略性主导产业进行培育发展。着重对新兴产业进行重点培育，将成为政府新的关注点。一般而言，高科技属性是新兴产业普遍具有的特点。从比较优势的视角出发，中部地区的新型产业分布基本形成以光电子信息产业、生物医疗产业为主的高科技产业。从产业发展潜力的视角出发，大力发展的现代服务业涵盖金融保险、现代物流、信息服务等，同样具备新兴产业的特征。而这些产业的进一步渗透将逐渐发展为“现象级”的社会需求，正是这些需求的产生与满足进一步促进了社会的发展，增强了人民的生活幸福指数。发展生物医疗相关产业，借助区域内部生物技术及医疗资源的比较优势，推进相关行业企业的资源整合。目前来看，中部地区在生物、医疗领域的研发技术在全国范围内具有较大的领先优势，而这些优势的维持则需要源源不断、持续地注入新的研发力量及技术储备。以自然禀赋为依托，因地制宜地进行新能源及新材料的研发与应用，以生物制造、生物能源、生物农业及生物医疗为重点发展对象，切实有效地升级现有生物医疗产业相关的研发能力与技术水平。同时相关监管部门也要加强对生物医疗产业的行业监管，适时制定医疗预警体系，达到维护产业稳定发展的目标。

发展光电子信息相关产业，应发挥地区比较优势，重点发展新能源、新材料以及光电子信息产业。湖北作为中部地区高科技产业发展的标杆，应发挥带头示范的作用，辐射周边五省地区，推动建设中部地区的高新产业工业园。以信息软件、集成电路、光电子以及微电子产业为重点培育对象，大力发展通信产业、计算机及其网络设备，积极组建相关产业集聚群、产业基地等，进一步形成光电子信息产业链。同时应该顺应产业发展方向，积极跟进相关基础建设，进一步夯实信息产业发展基础。

发展现代服务相关产业，首先，应该结合现代社会发展方向，将产业面向市场、社会以及国际作为主攻方向。其次，对现有的生产效率不高的服务业进行升级改造，丰富生产类、消费类服务业的内涵，使得产业结构的重心向第三产业持续偏移，增强该产业在经济发展中的贡献度。结合现代信息技术及先进管理方式，对传统服务基础设施，如商贸流通、交通运输等进行改造升级。再次，充分发挥中介服务业在社会生产中的支持作用，以会计、审计、法律及咨询、科技为基本内容，推动与信息、金融和保险等现代服务业协同发展和有机结合。最后，结合现阶段民众的需求，如住房、物业、社区等服务，通过进一步扩大相关产业的产品服务供给来逐步满足民众需求。

二、西部地区的策略路径

(一)制定不同层次和类型的发展规划

以地区产业发展、生态建设规划为导向，以西部承接产业转移为契机，大力推进区域产业结构转型升级。结合地区发展的实际情况，对其实现可持续发展的条件和现状进行科学论证并作出规划。与此同时，针对西部地区差异性较大的12个省市区，应该结合其发展现状，对症下药，实现定点突破，尤其是对关键地区、关键产业进行产业转移升级的同时，着重形成若干个以技术为导向的，具有独立研发能力及潜力的创新性战略高地。结合不同地区战略规划，针对西部内部区域发展具有地域特色的新型产业，如旅游、特产食品加工制造、特色资源开发等。而为了实现这一点，首先应该改变的是行政区划上的壁垒，打通阻碍各个地区之间的桎梏，构建大区特色产业发展规划，如江西、湖南、四川、云南、贵州进行红色旅游路线开发及滇、川原始森林旅游开发，结合地区产业竞争打造区域品牌，如贵州、四川的著名白酒基地等。

(二)进一步加快对内对外开放程度

受限于地理区位的劣势，西部地区的贸易水平较低，市场化水平不高，因此急需打通区域的内部及外部。加强东西部交流的对内开放，加强延边地区和国家的互动的对外开放，通过内部相结合的方式加快市场一体化的进程。经过不到70年的发展，现阶段我国逐渐形成了东部、中部和西部的三级不均衡发展的基本格局，之所以形成这样的结构，与地区发展开放度是直接相关的。在改革开放初期，我国加大了对东部沿海地区开放发展力度，采取渐进式的行动策略使其获得优惠的开放式政策，最终有效促进了地区经济发展。因此，对于落后地区的开放发展便显得尤为重要。

改革开放以来，我国“人民日益增长的物质文化需要和落后的生产力之间的矛盾”已转化为“人民日益增长的对美好生活的需要和不平衡不充分的发展之间的矛盾”。因此，全面改革开放已经成为当前我国发展的必然选择。众所周知，市场经济能够使得社会资源配置效率最优，所以构建一个全国统一的市场是实现市场资源配置的基本前提，而打通国内不同区域之间的贸易壁垒，是应对国际市场并完成收益的重要前提，也只有这样，经过国内外市场的多方历练，方可形成一个较为完善的市场基础。所以当务之急是打破地区之间的沟通障碍，强化区域开放度，全面促进国家经济进军国际市场。结合西部地区地域广袤、发展不平衡、不充分的特点，尽可能发掘区域内潜在的市场，并以发展较快地区带动发展较缓地区，共同促进地区经济发展。同时，发挥邻国众多、依托连接欧亚的地域优势，加强与东南亚地区、西亚、中东等地的国际交流。基于以上分析，西部地区需要同时加强区域内和区域外的市场建设，积极推进国内市场和国际市场多层面、多主体、多频次的贸易互动，大力发展区域内的人才、资本、科技、教育、文创、医疗等资源，同时制定产业相关优惠政策，打造良好的市场环境以吸引外部资本的注入。

（三）进一步改善西部基础设施

我国有关西部大开发的国家政策实施以来，经过前期的快速发展，在基础建设上较以往有了明显的改善，但是与东部地区相比，还存在较大的差距。所以西部地区基础建设发展的规模和速度还有待提高，仍需进一步发展市场规模，拓展更广的资金来源、技术来源、人才来源，为推动地区产业结构优化注入新的、充足的动力，需要继续完善以下两个方面：第一，加快交通有关的基础建设，如公路、铁路、机场、口岸等。西部地区地处内陆，交通的发达程度是吸引外部资源的重中之重，对于沟通城际、省级、国际资源贸易交流以及构建经济一体化的意义非凡。尤其是围绕中心城市，重点发展城市高速公路、高速铁路、国际机场的交通线路网，连接中部、东部以及国际经济区域，形成开放、可靠、高效的交通运输体系。第二，加快与能源、通信有关的基础建设，如石油、天然气管道、水利资源运输、网络通信基础等；成为我国发展的重要能源保障，如“西气东输”工程建设战略；加快与周边国家的能源贸易合作，如哈萨克斯坦的石油管道，缅甸的石油、天然气管道建设。综上所述，扎实推进基础建设，尽可能缩小与国内其他经济发达地区的差距，结合地区资源、地势优势，吸引更多的外来投资建设，同时促进我国国内一体化市场基础建设，保障能源供给，对维护国家安定具有重要意义。

(四)以产业集群为承接纽带

西部承接地区实施产业转移还需要积极组建强大的工业园区和产业集群。仅仅依靠制定优惠的产业政策对于外资的吸引力度是极其有限的，也很难成为西部崛起的砝码。零散企业的引入难以克服西部地区地域优势不显著、基础建设不扎实、配套设施不完善的弱点，导致产业发展始终难以正轨。因此更换思路，走产业集聚的道路显得尤为重要。在区域产业园区建设初期，按照产业集聚的思维方式，从项目、资源、功能等方面均进行“集约模式”设计，鼓励园区加强对大型企业的招商引资力度，并以此为动力源带动配套产业、关联产业链的加入，在地区形成产业集聚竞争优势。同时，依据产业规划有针对性地选择弱势产业、缺失产业进行产业转移升级，进一步强化地区产业发展的完整性。

在已有的基础上，突出西部地区地势、资源和产业特色，结合区域现有产业配套设施、生态环境、人才吸纳容量及力度，有针对性地发展承接地区产业项目，以地区特色为产业发展基础，积极发展高附加值、高新技术、绿色友好型的产业集群，对产业链进行上下游方向延伸，巩固和加强已有的产业集群，以此为基础发挥优势产业作用，围绕核心企业进行产业平台建设，以吸引更多的产业相关企业的关注，并以此为产业发挥原点，引进和培育产业集群，通过大企业带动小企业、优势产业带动弱势产业，逐步形成以优势促进发展的良性循环，尤其是重点产业链上下游延伸，最终实现承接地区产业结构的优化和完善、产业的转移和升级。

(五)区域之间的对口合作

中东西部平衡发展过程中，要发挥经济先进地区的示范与帮扶作用，在区域之间进行对口支援，对承接转移产业进行深入、有效的共建机制。第一是合作，以市场为导向，利用承接区域优势资源大范围开展区域间的基础设施建设、绿色生态、绿色农业、资源开发、装备制造、服务型制造业发展等领域的交流，实现东西部产业资源共享，市场资源共享，使得全国产业结构分布愈加合理、资源配置愈加高效，从而东西部产业协调稳步升级，最终达到互利共赢的局面。第二是帮扶，针对已有的对口帮扶区域积极组建产业工业园区，通过共建园区将东部劳动力和资源集聚型产业逐步向西部地区进行转移，市场主体的增多活跃了承接地区的市场经济，避免了形成区域内的恶性竞争。同时将东部发展的先进经验、技术手段导入承接地区，使其在能够在有经验可依的前提下进行产业园区规划，避免走一些以往产业发展过程中付出惨痛教训的老路子，如先污染后治理、资源浪费等，这样能够有效阻止西部发展对东部环境的挤出，同时还能够为西部地区提供丰富的资源，包括充足的劳动力及市场空间等。第三是创新，承接地区想要获得持续的地区竞争力，需积极与东部先进地区开展技术交流和创新合作，在条件成熟地区创建研发中心、国家重点实验室等科研机构，并以地区高等教育资源为依托，在产业转移升级的同时带动地区教育的发展，加强东西部人才对口交流机制，实现产业带动教育、教育促进产业的双轮驱动机制，最终达到以科技创新为手段，提升地区产业资源配置效率，推动东西部地区协调可持续发展的根本目的。

第八章　总结与展望

第一节　总　　结

产业转移有效地助推了我国区域经济的高速发展，然而在当前经济转型的背景下，产业转移对于地区经济增长质量的影响究竟如何呢？本书已对这一问题进行探讨。通过梳理产业转移与经济增长质量的相关文献，从理论上厘清并界定相关概念，利用实证数据对我国 2005—2014 年的经济增长质量与产业转移进行度量分析，并运用经济计量模型分析产业转移对经济增长质量的影响作用，最终提出了进一步优化产业转移促进地区经济增长质量提升的政策建议。本书主要的研究工作包括以下几个方面：

(1)厘清与界定产业转移与经济增长理论。分析归纳了产业转移的内涵、分类及特点，介绍了产业转移相关理论，包括中心外围理论、产品生命周期理论、雁行理论、边际产业扩张理论、国际生产折衷理论等；分别从狭义与广义的视角界定了经济增长质量的内涵，分别分析了古典经济增长理论、新古典经济增长理论、新经济增长理论、发展经济学、新制度经济学中有关经济增长质量的相关基础理论。

(2)测度我国地区产业转移的现状并进行分析。在详细介绍产业转移度量方法的基础上，计算了 2005—2014 年我国主要地级市的产业转移熵值，在分析整体区域与总体趋势的基础上，重点分析了京津冀、长三角、珠三角等区域，以及 2005—2007 年、2008—2010 年以及 2011—2014 年不同时段的产业转移的现实状况。

(3)测评我国经济增长质量并进行分析。分别从狭义的效率视角与广义的综合视角分析对我国 2005—2014 年主要地级市的经济增长质量进行测度分析。其中，狭义的经济增长质量为地区的全要素生产率增长率，运用 DEA-Malmquist 方法计算，并分析了我国东、中、西部地区的全要素生产率变化情况；广义综合视角下的经济增长质量包括经济增长结构、经济增长稳定性、福利变化及成果分配、生态环境代价 4 个维度，构建了评价指标体系，并运用主成分分析方法进行计算，分别分东、中、西部地区及分维度分析了我国经济增长质量的变化情况。

(4)从狭义效率视角定量分析产业转移对区域经济增长质量的影响。构建了产业转移与经济增长质量的理论模型，分别运用 OLS 模型、双向固定效应模型对地区产业转移区位熵与全要素生产率进行回归分析，进一步按产业转移的类型分别对产业转入组(即承接产业转移地区)与产业转出组(即转出产业地区)进行分组回归分析，并运用滞后一期的工具变量模型进行稳健性的回归分析。

(5)从广义综合视角定量分析产业转移对区域经济增长质量的影响。基于经济增长质量与产业转移的计量模型，分别运用 OLS 模型、双向固定效应模型对地区产业转移区位熵与综合性的经济增长质量值进行回归分析，同时按产业转移的类型分别对产业转入组(即承接产业转移地区)与产业转出组(即转出产业地区)进行分组回归，进一步地分别分析地区产业转移区位熵对不同维度经济增长质量的作用影响，明确产业转移作用于经济增长质量的机制，并运用滞后一期的工具变量模型对结果进行稳健性的回归分析。

(6)提出地区产业转移促进经济增长质量提升的战略选择与政策路径。针对实证研究的结果，进一步明确了当前新常态下我国产业转移的战略定位与选择，针对产业转移地区提出促进经济增长质量的财政政策、金融政策以及创新政策等，并重点对中部地区与西部地区的产业转移提出了具体的策略路径。

通过以上 6 个方面的研究工作，本书主要得到以下结论：

(1)2005—2014 年我国区域产业转移趋势明显，形成了明显的由东部沿海向内地中、西部地区转移，省内核心城市向周边转移的势头，且势头还在进一步加快，同时产业转移受环境生态政策影响日趋明显。

（2）2005—2014年我国区域经济增长质量整体呈现波浪式缓慢上升的发展趋势。从效率测评的结果来看，中部地区经济增长质量提升最快，而东部地区则提升相对缓慢；从综合测度的结果看，我国地区经济增长结构整体呈现逐渐优化、经济增长稳定性逐年下降、经济福利不断提高、生态环境代价波动变化的发展过程。

（3）我国产业转移对经济增长质量存在显著的负向作用。具体来说，对产业承接地区而言，存在明显的负向作用，即产业承接地区承接产业转移后，经济增长质量普遍下降；而对于产业转出地区而言，却存在明显的正向作用，即产业转出地区转移产业后，经济增长质量得到明显改善。

（4）对于产业承接地区，产业转移对其经济增长质量的负向作用主要是通过影响经济增长结构及恶化地区生态环境来逆向作用于地区经济增长质量的；而对于产业转出地区，产业转移对其经济增长质量的正向作用则主要是通过改善经济增长结构与加强经济增长稳定性来正向作用于经济增长质量的。

（5）产业转移对经济增长质量的影响存在着滞后效应。其中，对于产业承接组而言，滞后一期的负向作用大于当期的负向作用；对于产业转出组而言，滞后一期的正向作用与当期的正向作用相当。总体而言，滞后一期的负向作用大于当期的负向作用。

（6）地区的金融发展均对产业转移地区与承接地区的经济增长质量起到负向的抑制作用。

针对以上研究结论，本书最后进一步明确了当前新常态下我国产业转移的战略定位与选择，针对产业转移地区提出了促进经济增长质量的财政政策、金融政策以及创新政策等，并重点对中部地区与西部地区的产业转移提出了具体的策略路径。

总体而言，本书的研究将有利于丰富产业转移以及经济增长质量的相关理论研究，同时也对当前经济新常态下如何更有效地推进经济结构转型与质量效益提升，如何进一步调整并优化产业转移政策、促进经济增长质量提升具有积极的实践意义。

第二节 展　　望

本书将产业转移与地区经济增长质量结合起来分析，与现有文献相比，这是本书较为创新之处。本书有两点可以进一步充实与完善：(1)对于产业转移与经济增长质量的理论性分析可以做进一步挖掘与厘清；(2)对于产业转移及经济增长质量的度量可以尝试更多不同的方法，以进一步验证本书研究结论的可靠性。然而，由于受时间、精力所限，这两点问题将在后续的研究中加以强化。

本书的研究结论较为新颖，与传统观点认为产业转移推动地区经济数量增长的积极作用不同，本书的研究结论显示产业转移将降低地区的经济增长质量，这表明产业转出地区所转出的产业更多为落后、濒临淘汰的产业，而产业承接地区承接了这些落后的产业后，虽然在数量上提升了地区的经济增长，但是这些产业并未能形成技术扩散的外溢效应，也未能有效地形成具有竞争力的产业集群，整体而言产业的引进是对现有地区资源的粗放式和掠夺式利用，因而对地区的经济增长质量起到逆向的抑制作用；而对于产业转出地区，它们则通过产业转移将这些落后的产业予以淘汰，减少了对本地区资源环境的掠夺式生产，逐步转向集约式的增长方式，从而促进了本地区的经济增长质量。这样的猜测性结论同样也需要进一步的证明。未来的研究可考虑从不同地区的具体产业的区位熵分析入手，验证产业承接地区是否承接的主要为落后产业，这也将是一个非常重要也非常有意思的研究问题。

参考文献

[1]Alireza Keikha, Ahmadali Keikha, Mohsen Mehrara. Institutional quality, economic growth and fluctuations of oil prices in oil dependent countries: A panel cointegration approach[J]. Modern Economy, 2012, 3(2).

[2]Amparo Castelló-Climent, Ana Hidalgo-Cabrillana. The role of educational quality and quantity in the process of economic development[J]. Economics of Education Review, 2012, 31(4).

[3]Anonymous. Production and usage still growing in China[J]. Wood Based Panels International, 2014.

[4]Arpita Asha Khanna. Revisiting the oil curse: Does ownership matter[J]. World Development, 2017, 99.

[5]Bana Abuzayed, Nedal Al-Fayoumi. Bank concentration, institutional quality, and economic growth[J]. Review of International Business and Strategy, 2016, 26(2).

[6]Carmen Pagliari, Edgardo Bucciarelli, Michele Alessi. Interdependence of world markets: Economic growth and social well-being[J]. Procedia Computer Science, 2011, 3.

[7]Chiara Verbano, Karen Venturini. Technology transfer in the Italian space industry: Organizational issues and determinants[J]. Management Research Review, 2012, 35(3/4).

[8]Chou,San. Labour quality in Taiwan: Measurement and contribution to economic growth[J]. Applied Economics, 2015, 47(43).

[9]Craig D, Fayter D, Stirk L, Crott R. Growth monitoring for short stature: Update of a systematic review and economic model[J].

Health Technology Assessment, 2011, 15(11).

[10] D. Brouckaert, J. -S. Uyttersprot, W. Broeckx, T. De Beer. Calibration transfer of a Raman spectroscopic quantification method for the assessment of liquid detergent compositions from at-line laboratory to in-line industrial scale[J]. Talanta, 2017, 11(25).

[11] Dale W. Jorgenson, Kevin Stiroh. Computers and growth [J]. Economics of Innovation and New Technology, 1995, 3(3-4).

[12] Daud, Podivinsky. Government debt and economic growth in Malaysia: The role of institutional quality[J]. Applied Economics Letters, 2014, 21(17).

[13] David Pearce. The green myth—economic growth and the quality of the environment [J]. Resources, Conservation & Recycling, 2001, 33(2).

[14] De Jun Liu. The measurement of economic growth contribution rate by population quality in china base on cobb-douglas model [J]. Applied Mechanics and Materials, 2013, 2755(433).

[15] Deng-bang Gao, Yun-shu Tang, Nan-ping Feng, Kai-le Zhou. Study on the transfer and integration of production factors in industry transfer[M]. Springer Berlin Heidelberg, 2014.

[16] Di Dong, Haizhong An, Shupei Huang. The transfer of embodied carbon in copper international trade: An industry chain perspective [J]. Resources Policy, 2017, 52.

[17] Dimitris N. Kanellopoulos. How can teleworking be pro-poor[J]. Journal of Enterprise Information Management, 2011, 24(1).

[18] Dongxu Chen, Zhongzhen Yang. Systematic optimization of port clusters along the Maritime Silk Road in the context of industry transfer and production capacity constraints [J]. Transportation Research Part E, 2018, 109.

[19] Dorota Perło. Environmental quality as a decisive variable in shaping regional development policy [J]. Studies in Logic, Grammar and Rhetoric, 2014, 37(1).

[20] Elena G. Popkova. Use of methodology of "underdevelopment whirlpools" with analysis of problems and perspectives of economic growth in Asian countries [J]. Journal of Entrepreneurship in Emerging Economies, 2017, 9(1).

[21] Elias Dinopoulos, Bulent Unel. Quality heterogeneity and global economic growth[J]. European Economic Review, 2010, 55(5).

[22] Elikplimi Komla Agbloyor, Agyapomaa Gyeke - Dako, Ransome Kuipo, Joshua Yindenaba Abor. Foreign direct investment and economic growth in SSA : The role of institutions[J]. Thunderbird International Business Review, 2016, 58(5).

[23] Elisa Villani, Einar Rasmussen, Rosa Grimaldi. How intermediary organizations facilitate university—industry technology transfer: A proximity approach [J]. Technological Forecasting & Social Change, 2017, 114.

[24] Ernst Worrell, Rene van Berkel, Zhou Fengqi, Christoph Menke, Roberto Schaeffer, Robert O. Williams. Technology transfer of energy efficient technologies in industry: A review of trends and policy issues[J]. Energy Policy, 2001, 29(1).

[25] F. M. Shaikh, M. Saleem Rahpoto. The role of amenities and quality of life in agriculture productivity rural economic growth a case study of sindh[J]. Journal of Applied Quantitative Methods, 2009, 4(2).

[26] Firmansyah. Effect of economic growth and environmental quality on tourism in Southeast Asian Countries [J]. IOP Conference Series: Earth and Environmental Science, 2017, 55(1).

[27] Gema Fabro, José Aixalá. Economic Growth and Institutional Quality: Global and income-level analyses [J]. Journal of Economic Issues, 2009, 43(4).

[28] Graham Davis. Marian Radetzki, The green myth—economic growth and the quality of the environment. Multi-Science Publishing Co. Ltd, Essex, UK, 2001, 84 pages, ISBN 0 906522

17 X[J]. Resources Policy, 2004, 30(1).

[29] Guo Wei, Li Bin, Jiang Zhu, Zhu Changkai. The transfer factors and analysis of textile industry[M]. Springer Berlin Heidelberg, 2012.

[30] Gwanghoon Lee. The quality of human capital, educational reform and economic growth[J]. International Economic Journal, 2004, 18(4).

[31] Hae S. Kim. Patterns of economic development: Correlations affecting economic growth and quality of life in 222 countries[J]. Politics & Policy, 2017, 45(1).

[32] Hong Y. The quality of economic growth and the effect of population. [J]. Chinese Journal of Population Science, 1994, 6(1).

[33] Horst Siebert. Economics of the environment[M]. Springer Berlin Heidelberg: 2008-06-15.

[34] Isabel P. Albaladejo, María Isabel González-Martínez, María Pilar Martínez-García. Quality and endogenous tourism: An empirical approach[J]. Tourism Management, 2014, 41.

[35] Jang C. Jin, Lawrence Jin. On the relationship between university education and economic growth: The role of professors' publication [J]. Education Economics, 2014, 22(6).

[36] Jia Feng Fan, Hao Xu, Juan Yuan, Bang Zhu Zhu. Cluster analysis of industrial transfer park based on carbon emission intensity[J]. Applied Mechanics and Materials, 2013, 2279(291).

[37] Jiang Z, Zhang L. The impacts of lower population growth on the quality of life and economic development: China's experience. [J]. China population today, 1994, 11(1).

[38] Jie Huang, Takayuki Saito. Discussion about the differences in mass transfer, bubble motion and surrounding liquid motion between a contaminated system and a clean system based on

consideration of three-dimensional wake structure obtained from LIF visualization[J]. Chemical Engineering Science, 2017, 170.

[39]Jing Xu, Ming Zhang, Min Zhou, Hailong Li. An empirical study on the dynamic effect of regional industrial carbon transfer in China [J]. Ecological Indicators, 2017, 73.

[40]Jing Xu, Ming Zhang, Min Zhou, Hailong Li. An empirical study on the dynamic effect of regional industrial carbon transfer in China [J]. Ecological Indicators, 2017, 73.

[41]Jorge Ridderstaat, Robertico Croes, Peter Nijkamp. The tourism development—quality of life nexus in a small island destination [J]. Journal of Travel Research, 2016, 55(1).

[42]Kaouthar Gazdar, Mondher Cherif. Institutions and the finance—growth nexus: Empirical evidence from MENA countries[J]. Borsa Istanbul Review, 2015, 15(3).

[43]Katrakilidis, Kyritsis, Patsika. The dynamic linkages between economic growth, environmental quality and health in Greece[J]. Applied Economics Letters, 2016, 23(3).

[44]Lei Chen, Linyu Xu, Zhifeng Yang. Accounting carbon emission changes under regional industrial transfer in an urban agglomeration in China's Pearl River Delta[J]. Journal of Cleaner Production, 2017, 167.

[45]Licheng Sun, Qunwei Wang, Jijian Zhang. Inter-industrial carbon emission transfers in China: Economic effect and optimization strategy[J]. Ecological Economics, 2017, 132.

[46]Linhai Mei, Zhihao Chen. The convergence analysis of regional growth differences in China: The perspective of the quality of economic growth[J]. Journal of Service Science and Management, 2016, 9(6).

[47]Lin-Sea Lau, Chee-Keong Choong, Yoke-Kee Eng. Carbon dioxide emission, institutional quality, and economic growth: Empirical evidence in Malaysia[J]. Renewable Energy, 2014, 68.

[48] Liyanage Devangi H. Perera, Grace H. Y. Lee. Have economic growth and institutional quality contributed to poverty and inequality reduction in Asia [J]. Journal of Asian Economics, 2013, 27.

[49] Lou Wilson, John Spoehr. Labour relations and the transfer of knowledge in industrial clusters: Why do skilled workers share knowledge with colleagues in other firms [J]. Geographical Research, 2010, 48(1).

[50] Luca Salvati, Marco Zitti. Economic growth vs. land quality: A multidimensional approach in Italy [J]. Journal of Environmental Planning and Management, 2011, 54(6).

[51] Lutz Wolfgang, KC Samir. Global human capital: Integrating education and population. [J]. Science, 2011, 333(6042).

[52] Machielsen Ronnie, Siezen Roland J., Sacha A. F. T. van Hijum, Johan E. T. van Hylckama Vlieg. Molecular description and industrial potential of Tn6098 conjugative transfer conferring alpha-galactoside metabolism in Lactococcus lactis. [J]. Applied and Environmental Microbiology, 2010, 77(2).

[53] Magda Kandil. Determinants of institutional quality and their impact on economic growth in the MENA region [J]. International Journal of Development Issues, 2009, 8(2).

[54] Maher Al-Jabari. Kinetic mass transfer adsorption model for treating dairy wastewater with stone cutting solid waste [J]. Environmental Technology & Innovation, 2017, 7.

[55] Manfred Max-Neef. Economic growth and quality of life: A threshold hypothesis [J]. Ecological Economics, 1995, 15(2).

[56] Marijana Bađun. The quality of governance and economic growth in croatia [J]. Financial Theory and Practice, 2005, 29(4).

[57] Matsumoto Miwao. The structure of technology transfer in industrial society: A case of the transfer of marine steam turbine technology to the Japanese shipbuilding industry at the turn of the 20th century

[J]. Socio-economic History, 1991, 56(6).

[58] Maura McAdam, Kristel Miller, Rodney McAdam. University business models in disequilibrium—engaging industry and end users within university technology transfer processes [J]. R&D Management, 2017, 47(3).

[59] Michael Kolloch, Fabian Reck. Innovation networks in the German energy industry [J]. International Journal of Energy Sector Management, 2017, 11(2).

[60] Michael R. Mullen, Eric Beller, Joseph Remsa, Donald Cooper. The effects of international trade on economic growth and meeting basic human needs [J]. Journal of Global Marketing, 2001, 15 (1).

[61] Migliaccio-Walle Kristen, Caro J Jaime, Möller Jörgen. Economic implications of growth hormone use in patients with short bowel syndrome. [J]. Current Medical Research and Opinion, 2006, 22 (10).

[62] Mudarri, David H. National expenditures, jobs, and economic growth associated with indoor air quality in the united states [J]. Journal of Environmental Health, 2014, 76(9).

[63] Mwelwa Musambachime. The impact of rapid population growth and economic decline on the quality of education: The case of Zambia [J]. Review of African Political Economy, 1990, 17 (48).

[64] Nicoleta Aurora Popescu. The linguistics of health and agriculture [J]. Annals "Valahia" University of Targoviste-Agriculture, 2017, 11(2).

[65] Nikolaos Antonakakis, Juncal Cunado, George Filis, Fernando Perez de Gracia. Oil dependence, quality of political institutions and economic growth: A panel VAR approach [J]. Resources Policy, 2017, 53.

[66] Obama, Barack H. Remarks at a democratic national committee

fundraiser in Santa Monica, California[J]. Daily Compilation of Presidential Documents, 2010, 8.

[67] Piotr Cyklis. Industrial scale engineering estimation of the heat transfer in falling film juice evaporators [J]. Applied Thermal Engineering, 2017, 123.

[68] Richard A. Easterlin, Laura Angelescu. Modern economic growth and quality of life: Cross-Sectional and time series evidence[M]. Springer Netherlands, 2012.

[69] Ridderstaat Jorge, Croes Robertico, Nijkamp Peter. The tourism development—quality of life nexus in a small island destination [J]. Journal of Travel Research, 2016, 55(1).

[70] Robertico Croes, Jorge Ridderstaat, Mathilda van Niekerk. Connecting quality of life, tourism specialization, and economic growth in small island destinations: The case of Malta[J]. Tourism Management, 2018, 65.

[71] Roger B. Myerson. Linking the best and worst of global trends[J]. Journal of Policy Modeling, 2017.

[72] Saidi Flores, Amado Villarreal. Comparative analysis of the developmental strategy of aerospace industry in Brazil, Canada, and Mexico: Public - policy implications [J]. Latin American Policy, 2017, 8(1).

[73] Scott Dessain, Scott E. Fishman. Chapter 8-out of the frying pan: The fire's not so great either[M]. Elsevier Inc., 2017.

[74] Sean T. Hsu, John E. Prescott. The alliance experience transfer effect: The case of industry convergence in the telecommunications equipment industry[J]. British Journal of Management, 2017, 28(3).

[75] Shao Bing Yan, Yu He. A study on impact factors influencing training transfer of the basic unit staff in IT industry[J]. Advanced Materials Research, 2011, 1158(204).

[76] Steven C. Deller, Tsung-Hsiu (Sue) Tsai, David W. Marcouiller,

Donald B. K. English. The role of amenities and quality of life in rural economic growth [J]. American Journal of Agricultural Economics, 2001, 83(2).

[77] Su Yang. China's regional industrial transfer behavior based on evolutionary game theory [J]. Journal of Discrete Mathematical Sciences and Cryptography, 2016, 19(3).

[78] Tim Futing Liao, Hua Qin. Population growth, available resources, and quality of life: China's post-reform economic development [J]. Chinese Journal of Population Resources and Environment, 2012, 10(2).

[79] Tommi Mikkonen, Casper Lassenius, Tomi Männistö, Markku Oivo, Janne Järvinen. Continuous and collaborative technology transfer: Software engineering research with real-time industry impact [J]. Information and Software Technology, 2017.

[80] Viktor Slavtchev. Proximity and the transfer of academic knowledge: Evidence from the spatial pattern of industry collaborations of East German professors [J]. Regional Studies, 2013, 47(5).

[81] Vishwas V. Wadekar. Ionic liquids as heat transfer fluids — An assessment using industrial exchanger geometries [J]. Applied Thermal Engineering, 2017, 111.

[82] Vladimir Kühl Teles. Institutional quality and endogenous economic growth [J]. Journal of Economic Studies, 2007, 34(1).

[83] W. Charles Sawyer. Institutional quality and economic growth in Latin America [J]. Global Economy Journal, 2011, 10(4).

[84] Wenkai Hu, Jiandong Wang, Tongwen Chen, Sirish L. Shah. Cause-effect analysis of industrial alarm variables using transfer entropies [J]. Control Engineering Practice, 2017, 64.

[85] X. D. Diao, S. X. Zeng, C. M. Tam, Vivian W. Y. Tam. EKC analysis for studying economic growth and environmental quality: A case study in China [J]. Journal of Cleaner Production, 2008, 17

(5).
[86]Xian Hong Xu. The research on temporal and spatial econometric analysis of environmental quality and economic growth [J]. Advanced Materials Research, 2014, 3181(926).
[87]Yahua Wang, Angang Hu. Multiple forces driving China's economic development: A new analytic framework [J]. China & World Economy, 2007, 15(3).
[88]Yahyaoui Abdelkarim, Rahmani Atef. Financial development and economic growth: Role of institutional quality [J]. Panoeconomicus, 2009, 56(3).
[89]Yi Sun, Zheng Wang, Shengnan Ma. Spatial transferring of the high-tech industry in China: The perspective of specialization[J]. Journal of Science and Technology Policy in China, 2012, 3(3).
[90]Yong Pan, Xiao Jian Chen. Construction of a new spatial pattern of industries under the industrial transfer in Xi'an metropolitan area [J]. Applied Mechanics and Materials, 2012, 1801(174).
[91]Yu Fei Zhou, Yi Cheng Deng. Hunan undertook an obstacle to the transfer of the Pearl river delta industry in analysis internet era[J]. Applied Mechanics and Materials, 2015, 3749(719).
[92]Yuan WANG, Zuojun WANG, Xiaokang DU. Simple analysis on industry selection and countermeasures study during chongqing's undertaking industrial transfer under low-carbon economy horizon [J]. Management Science and Engineering, 2015, 9(4).
[93]Zhang Changzheng, Kong Jin. An empirical study on the relationship between educational equity and the quality of economic growth in China: 1978-2004[J]. Procedia-Social and Behavioral Sciences, 2009, 1(1).
[94]Zhang Changzheng, Kong Jin. Effect of equity in education on the quality of economic growth: Evidence from China[J]. International Journal of Human Sciences, 2010, 7(1).
[95]蔡昉，王德文，曲玥．中国产业升级的大国雁阵模型分析[J].

经济研究，2009，44(9).
[96]曾湘泉，陈力闻，杨玉梅．城镇化、产业结构与农村劳动力转移吸纳效率[J]．中国人民大学学报，2013，27(4).
[97]钞小静，惠康．中国经济增长质量的测度[J]．数量经济技术经济研究，2009，26(6).
[98]钞小静，任保平．中国经济增长质量的时序变化与地区差异分析[J]．经济研究，2011，46(4).
[99]钞小静，沈坤荣．城乡收入差距、劳动力质量与中国经济增长[J]．经济研究，2014，49(6).
[100]陈飞．西部地区承接产业转移的影响因素及效应研究[D]．中国农业大学，2013.
[101]陈刚，刘珊珊．产业转移理论研究：现状与展望[J]．当代财经，2006(10).
[102]陈刚，张解放．区际产业转移的效应分析及相应政策建议[J]．华东经济管理，2001(2).
[103]陈红儿．区际产业转移的内涵、机制、效应[J]．内蒙古社会科学(汉文版)，2002(1).
[104]陈华文，刘康兵．经济增长与环境质量：关于环境库兹涅茨曲线的经验分析[J]．复旦学报(社会科学版)，2004(2).
[105]陈建军．中国现阶段产业区域转移的实证研究——结合浙江105家企业的问卷调查报告的分析[J]．管理世界，2002(6).
[106]陈建军．中国现阶段的产业区域转移及其动力机制[J]．中国工业经济，2002(8).
[107]陈蕊．区域产业梯度转移调控研究[D]．合肥工业大学，2008.
[108]陈彦斌，姚一旻．中国经济增长的源泉：1978—2007年[J]．经济理论与经济管理，2010(5).
[109]陈勇．FDI路径下的国际产业转移与中国的产业承接[D]．东北财经大学，2007.
[110]成祖松．经济新常态下我国区域产来转移的引导路径[J]．经济纵横，2016(11).

[111]程名望，史清华．经济增长、产业结构与农村劳动力转移——基于中国 1978—2004 年数据的实证分析[J]．经济学家，2007(5)．
[112]程如轩，卢二坡．产业结构优化升级统计指标体系初探[J]．中国统计，2001(7)．
[113]崔海潮．产业转移、世界制造中心变迁与中国制造业发展研究[D]．西北大学，2009．
[114]崔立涛．浙江经济发展方式转变研究[D]．浙江工商大学，2008．
[115]代迪尔．产业转移、环境规制与碳排放[D]．湖南大学，2013．
[116]代谦，别朝霞．FDI、人力资本积累与经济增长[J]．经济研究，2006(4)．
[117]戴宏伟，王云平．产业转移与区域产业结构调整的关系分析[J]．当代财经，2008(2)．
[118]单薇．基于熵的经济增长质量综合评价[J]．数学的实践与认识，2003(10)．
[119]段娟，文余源．特大城市群污染密集型产业转移与决定因素——以京津冀为例[J]．西南民族大学学报(人文社科版)，2018，39(2)．
[120]范剑勇．长三角一体化、地区专业化与制造业空间转移[J]．管理世界，2004(11)．
[121]冯根福，刘志勇，蒋文定．我国东中西部地区间工业产业转移的趋势、特征及形成原因分析[J]．当代经济科学，2010，32(2)．
[122]冯梅．全球产业转移与提升我国产业结构水平[J]．管理世界，2009(5)．
[123]符正平，曾素英．集群产业转移中的转移模式与行动特征——基于企业社会网络视角的分析[J]．管理世界，2008(12)．
[124]傅元海，彭安民．中国利用 FDI 质量的评价标准研究[J]．求

索，2007(11).

[125]干春晖，郑若谷．改革开放以来产业结构演进与生产率增长研究——对中国1978—2007年“结构红利假说”的检验[J]．中国工业经济，2009(2).

[126]高毅．国际钢铁产业转移与影响因素实证研究[D]．复旦大学，2007.

[127]顾恒中．新常态：产业转移的新机遇新挑战[J]．阜阳职业技术学院学报，2015，26(2).

[128]郭克莎．中国工业化的进程、问题与出路[J]．中国社会科学，2000(3).

[129]郭亚军，钟田丽．兼顾“功能性”与“均衡性”的综合评价方法及应用[J]．中国软科学，2001(6).

[130]韩艳红．我国欠发达地区承接发达地区产业转移问题研究[D]．吉林大学，2013.

[131]郝颖，辛清泉，刘星．地区差异、企业投资与经济增长质量[J]．经济研究，2014，49(3).

[132]贺铿．中国投资、消费比例与经济发展政策[J]．数量经济技术经济研究，2006(5).

[133]贺清云，蒋菁，何海兵．中国中部地区承接产业转移的行业选择[J]．经济地理，2010，30(6).

[134]洪阳，栾胜基．环境质量与经济增长的库兹尼茨关系探讨[J]．上海环境科学，1999(3).

[135]侯亚非，王金营．人力资本与经济增长方式转变[J]．人口研究，2001(3).

[136]胡鞍钢，胡琳琳，常志霄．中国经济增长与减少贫困(1978—2004)[J]．清华大学学报(哲学社会科学版)，2006(5).

[137]胡际权．中国新型城镇化发展研究[D]．西南农业大学，2005.

[138]黄英龙，张国平．京津冀产业集聚与农村剩余劳动力转移耦合路径研究[J]．农业经济，2017(12).

[139]贾康．把握经济发展"新常态" 打造中国经济升级版[J]．国家行政学院学报，2015(1)．
[140]江霈．中国区域产业转移动力机制及影响因素分析[D]．南开大学，2009.
[141]姜霞．湖北省承接产业转移的路径选择与政策取向研究[D]．武汉大学，2013.
[142]康梅．投资增长模式下经济增长因素分解与经济增长质量[J]．数量经济技术经济研究，2006(2)．
[143]孔凡斌，许正松，胡俊．经济增长、承接产业转移与环境污染的关系研究[J]．经济经纬，2017，34(2)．
[144]雷振宇．新常态下中国经济增长质量的评价与提升路径研究[D]．西北大学，2015.
[145]李变花．经济增长质量指标体系的设置[J]．统计与决策，2004(1)．
[146]李达，王春晓．我国经济增长与大气污染物排放的关系——基于分省面板数据的经验研究[J]．财经科学，2007(2)．
[147]李敦瑞．国内外产业转移对我国产业迈向全球价值链中高端的影响及对策[J]．经济纵横，2018(1)．
[148]李松志，刘叶飙．国外产业转移研究的综述[J]．经济问题探索，2007(2)．
[149]李松志，杨杰．国内产业转移研究综述[J]．商业研究，2008(2)．
[150]李仙娥，王春艳．国外农村剩余劳动力转移模式的比较[J]．中国农村经济，2004(5)．
[151]李小平，卢现祥．国际贸易、污染产业转移和中国工业 CO_2 排放[J]．经济研究，2010，45(1)．
[152]李艳梅，孙丽云，张红丽，刘婷婷．京津冀区域间产业转移对能源消费碳排放强度的影响[J]．资源科学，2017，39(12)．
[153]李岳平．经济增长质量评估体系及实证分析[J]．江苏统计，2001(5)．

[154]李周为，钟文余．经济增长方式与增长质量测度评价指标体系研究[J]．中国软科学，1999(6)．

[155]梁亚民．经济增长质量评价指标体系研究[J]．西北师大学报(社会科学版)，2002(2)．

[156]凌文昌，邓伟根．产业转型与中国经济增长[J]．中国工业经济，2004(12)．

[157]刘海英，张纯洪．中国经济增长质量提高和规模扩张的非一致性实证研究[J]．经济科学，2006(2)．

[158]刘海英，赵英才，张纯洪．人力资本“均化”与中国经济增长质量关系研究[J]．管理世界，2004(11)．

[159]刘鹤，易纲，宋国青，郑京平，樊纲，严瑞珍，王小鲁，贺力平，张平．中国经济增长的可持续性[J]．管理世界，1999(1)．

[160]刘红光，刘卫东，刘志高．区域间产业转移定量测度研究——基于区域间投入产出表分析[J]．中国工业经济，2011(6)．

[161]刘红光，王云平，季璐．中国区域间产业转移特征、机理与模式研究[J]．经济地理，2014，34(1)．

[162]刘楷．1999—2005年中国地区工业结构调整和增长活力实证分析[J]．中国工业经济，2007(9)．

[163]刘荣茂，张莉侠，孟令杰．经济增长与环境质量：来自中国省际面板数据的证据[J]．经济地理，2006(3)．

[164]刘生龙，王亚华，胡鞍钢．西部大开发成效与中国区域经济收敛[J]．经济研究，2009，44(9)．

[165]刘树成，张平，张晓晶．中国的经济增长与周期波动[J]．宏观经济研究，2005(12)．

[166]刘文革，周文召，仲深，李峰．金融发展中的政府干预、资本化进程与经济增长质量[J]．经济学家，2014(3)．

[167]刘小瑜．中国产业结构的投入产出分析[D]．江西财经大学，2002．

[168]刘笑霞．政府绩效评价理论框架之构建[D]．厦门大学，

2008.
[169]刘新争．比较优势、劳动力流动与产业转移[J]．经济学家，2012(2)．
[170]刘秀玲，朱瑞雪，蔡莉，苗芳．承接东部产业转移吸引外商对民族省区投资[J]．中国集体经济，2017(32)．
[171]刘亚建．我国经济增长效率分析[J]．思想战线，2002(4)．
[172]刘亚军，倪树高浙江工商大学浙江社会经济发展研究中心．基于全要素生产率的浙江省经济增长质量分析[J]．浙江社会科学，2006(6)．
[173]刘燕，潘杨，陈刚．经济开放条件下的经济增长与环境质量——基于中国省级面板数据的经验分析[J]．上海财经大学学报，2006(6)．
[174]刘友金，胡黎明．产品内分工、价值链重组与产业转移——兼论产业转移过程中的大国战略[J]．中国软科学，2011(3)．
[175]刘元春．经济制度变革还是产业结构升级——论中国经济增长的核心源泉及其未来改革的重心[J]．中国工业经济，2003(9)．
[176]娄晓黎．产业转移与欠发达区域经济现代化[D]．东北师范大学，2004.
[177]卢根鑫．试论国际产业转移的经济动因及其效应[J]．上海社会科学院学术季刊，1994(4)．
[178]陆亚新．基于因子分析的产业转移视角下我国纺织产业发展评价[J]．北京服装学院学报(自然科学版)，2017，37(4)．
[179]罗思平，于永达．技术转移、“海归”与企业技术创新——基于中国光伏产业的实证研究[J]．管理世界，2012(11)．
[180]马建新，申世军．中国经济增长质量问题的初步研究[J]．财经问题研究，2007(3)．
[181]马铁群，史安娜．金融发展对中国经济增长质量的影响研究——基于 VAR 模型的实证分析[J]．国际金融研究，2012(11)．
[182]马云俊．产业转移、全球价值链与产业升级研究[J]．技术经

济与管理研究，2010(4).
[183]毛广雄．区域产业转移与承接地产业集群的耦合关系[D]．华东师范大学，2011.
[184]毛琦梁，王菲．区域非均衡发展与产业转移的内生机制研究[J]．生态经济，2017，33(11).
[185]倪秀碧．产业转移促进承接地经济发展研究——基于中国中西部承接东部产业转移的实证分析[D]．北京邮电大学，2015.
[186]潘悦．在全球化产业链条中加速升级换代——我国加工贸易的产业升级状况分析[J]．中国工业经济，2002(6).
[187]彭薇．共建"丝绸之路经济带"战略下中国与沿线国家产业转移研究——基于地缘经济的视角与引力模型的检验[J]．经济问题探索，2018(1).
[188]任保平，郭晗．经济发展方式转变的创新驱动机制[J]．学术研究，2013(2).
[189]任保平．经济增长质量：理论阐释、基本命题与伦理原则[J]．学术月刊，2012，44(2).
[190]沈惊宏，孟德友，陆玉麒．皖江城市带承接长三角产业转移的空间差异分析[J]．经济地理，2012，32(3).
[191]沈坤荣，傅元海．外资技术转移与内资经济增长质量——基于中国区域面板数据的检验[J]．中国工业经济，2010(11).
[192]宋冬林，王林辉，董直庆．资本体现式技术进步及其对经济增长的贡献率(1981—2007)[J]．中国社会科学，2011(2).
[193]宋哲．我国产业转移的动因与效应分析[D]．武汉大学，2013.
[194]孙华平．产业转移背景下产业集群升级问题研究[D]．浙江大学，2011.
[195]孙久文，姚鹏．京津冀产业空间转移、地区专业化与协同发展——基于新经济地理学的分析框架[J]．南开学报(哲学社会科学版)，2015(1).
[196]汤维祺，吴力波，钱浩祺．从"污染天堂"到绿色增长——区

域间高耗能产业转移的调控机制研究[J]. 经济研究，2016，51(6).
[197]汪斌，赵张耀. 国际产业转移理论述评[J]. 浙江社会科学，2003(6).
[198]汪同三，李涛. 中国通货紧缩的深层次原因[J]. 中国社会科学，2001(6).
[199]汪中华，梁爽. 中国污染产业区际转移路径及环境效应研究[J]. 生态经济，2017，33(11).
[200]王辉堂，王琦. 产业转移理论述评及其发展趋向[J]. 经济问题探索，2008(1).
[201]王积业. 关于提高经济增长质量的宏观思考[J]. 宏观经济研究，2000(1).
[202]王建峰. 区域产业转移的综合协同效应研究[D]. 北京交通大学，2013.
[203]王双玲. 日本大都市圈的产业转移与地域演化[D]. 东北师范大学，2007.
[204]王涛. 产业集群内企业间知识转移影响因素研究[D]. 山东大学，2012.
[205]王志章，王静. 长江上游地区承接产业转移的脱贫绩效研究[J]. 西南大学学报(社会科学版)，2018，44(1).
[206]魏后凯. 产业转移的发展趋势及其对竞争力的影响[J]. 福建论坛(经济社会版)，2003(4).
[207]魏婕，任保平. 中国各地区经济增长质量指数的测度及其排序[J]. 经济学动态，2012(4).
[208]魏作磊. 对第三产业发展带动我国就业的实证分析[J]. 财贸经济，2004(3).
[209]吴爱芝，孙铁山，李国平. 中国纺织服装产业的空间集聚与区域转移[J]. 地理学报，2013，68(6).
[210]吴淑娟，吴海民. 产业海外转移对母国就业空间转移和产业转移效应研究[J]. 经济体制改革，2018(1).
[211]肖红叶，李腊生. 我国经济增长质量的实证分析[J]. 统计研

究，1998(4).
[212]肖雁飞，吴艳萍，向云波，廖双红．产业转移、专业化分工与跨区域协同发展研究——以粤湘赣桂为例[J]．地域研究与开发，2017，36(6).
[213]徐飞．区域产业转移与承接地产业集聚的耦合关系——基于中国纺织业实证研究[D]．浙江工商大学，2015.
[214]徐梦婧．中部地区承接东部地区产业转移的问题与对策研究[D]．武汉理工大学，2011.
[215]许南，李建军．产品内分工、产业转移与中国产业结构升级[J]．管理世界，2012(1).
[216]杨华贵．区域产业转移中我国地方政府的作用评析[J]．经济论坛，2017(11).
[217]杨政宁．产业转移背景下黔东南工业产业集聚的实证分析[J]．现代经济信息，2018(1).
[218]殷江滨，李郇．产业转移背景下县域城镇化发展——基于地方政府行为的视角[J]．经济地理，2012，32(8).
[219]殷荣伍．美国顾客满意度指数述评[J]．消费经济，2000(1).
[220]于乐乐．中国纺织业产业转移特征研究[J]．金融经济，2017(22).
[221]俞国琴．我国地区产业转移的系统优化分析[D]．上海社会科学院，2005.
[222]袁富华．低碳经济约束下的中国潜在经济增长[J]．经济研究，2010，45(8).
[223]袁境．西部承接产业转移与产业结构优化升级研究[D]．西南财经大学，2012.
[224]袁志刚，范剑勇．1978年以来中国的工业化进程及其地区差异分析[J]．管理世界，2003(7).
[225]原小能．国际产业转移规律和趋势分析[J]．上海经济研究，2004(2).
[226]岳书敬，刘富华．环境约束下的经济增长效率及其影响因素[J]．数量经济技术经济研究，2009，26(5).

[227]张贵，王树强，刘沙，贾尚键．基于产业对接与转移的京津冀协同发展研究[J]．经济与管理，2014，28(4)．
[228]张健华，王鹏．中国全要素生产率：基于分省份资本折旧率的再估计[J]．管理世界，2012(10)．
[229]张辽．要素流动、产业转移与区域经济发展[D]．华中科技大学，2013.
[230]张庆亮．中部地区承接产业转移研究[D]．中共中央党校，2012.
[231]张若雪．产业的转移、升级、整合与中国经济[D]．复旦大学，2009.
[232]张少军，刘志彪．全球价值链模式的产业转移——动力、影响与对中国产业升级和区域协调发展的启示[J]．中国工业经济，2009(11)．
[233]张婷婷．基于产业转移的区域政策创新研究[D]．兰州大学，2009.
[234]张孝锋．产业转移的理论与实证研究[D]．南昌大学，2006.
[235]张信信，刘俊国，赵旭，管英杰．黑河流域产业间虚拟水转移及其关联分析[J]．干旱区研究，2018，35(1)．
[236]张秀生，黄鲜华．区域制造业产业转移促进了全要素生产率提升吗？——基于中国地级市数据的研究[J]．宏观质量研究，2017，5(3)．
[237]张颖，张莉．中国省际污染产业转移对环境效率的影响研究[J]．统计与决策，2017(20)．
[238]张云．基于全球价值链的国际产业转移研究[D]．武汉理工大学，2011.
[239]赵宏波，苗长虹，冯渊博，李苛．河南省产业转移承接力时空格局与优化路径分析[J]．经济地理，2017，37(12)．
[240]赵洪宝，安锦．新常态下西部地区承接产业转移的财政金融支持研究[J]．会计之友，2015(15)．
[241]赵建吉，茹乐峰，段小微，苗长虹．产业转移的经济地理学研究：进展与展望[J]．经济地理，2014，34(1)．

[242]赵宁．中国经济增长质量提升的制度创新研究[D]．武汉大学，2012.

[243]赵英才，张纯洪，刘海英．转轨以来中国经济增长质量的综合评价研究[J]．吉林大学社会科学学报，2006(3).

[244]郑春勇．区域产业转移背景下的“依附性”府际关系及其风险[J]．社会科学文摘，2017(12).

[245]郑鑫，陈耀．运输费用、需求分布与产业转移——基于区位论的模型分析[J]．中国工业经济，2012(2).

[246]郑玉歆．全要素生产率的测度及经济增长方式的“阶段性”规律——由东亚经济增长方式的争论谈起[J]．经济研究，1999(5).

[247]郑玉歆．全要素生产率的再认识——用TFP分析经济增长质量存在的若干局限[J]．数量经济技术经济研究，2007(9).

[248]周浩，郑筱婷．交通基础设施质量与经济增长：来自中国铁路提速的证据[J]．世界经济，2012，35(1).

[249]周绍森，胡德龙．科技进步对经济增长贡献率研究[J]．中国软科学，2010(2).

[250]朱承亮，岳宏志，李婷．中国经济增长效率及其影响因素的实证研究：1985—2007年[J]．数量经济技术经济研究，2009，26(9).

[251]朱承亮，岳宏志，师萍．环境约束下的中国经济增长效率研究[J]．数量经济技术经济研究，2011，28(5).

[252]朱妍．劳动力流动、产业转移与城市发展研究[D]．南开大学，2010.

[253]朱允卫．东部地区产业向中西部转移的理论与实证研究[D]．浙江大学，2013.

[254]祝坤艳．农村劳动力转移对河南省农业产业结构发展的影响研究[J]．中国农业资源与区划，2017，38(11).

[255]邹璇．要素流动、产业转移与经济增长[D]．南开大学，2009.

[256]邹园．中国产业结构变迁对经济增长质量影响研究[D]．重

庆大学，2016.
[257]左冰，保继刚 . 1992—2005 年中国旅游业全要素生产率及省际差异[J]. 地理学报，2008(4).